It's **the perfect book**
for any **self-learner.**

KB250304

Learn to understand and speak Languages quickly and easily!

슈퍼스타 독일어 첫걸음

저자_ 서우석

1판 1쇄 인쇄_ 2013년 11월 1일
1판 7쇄 발행_ 2019년 5월 25일

발행처_ 북커스베르겐
발행인_ 신은영

등록번호_ 제 313-2009-217호
등록일자_ 2009년 10월 6일

주소_ 경기도 고양시 일산동구 무궁화로 11, 한라밀라트 B동 215호
전화_ (070)8224-5900 팩스_ (031)8010-1066

값은 표지에 있습니다.
ISBN 978-89-97343-08-9 14700

이메일_ bookersbg@naver.com

북커스베르겐은 **옥당**의 외국어 출판브랜드입니다.

이 도서의 국립중앙도서관 출판시도서목록(CIP)은 서지정보유통지원시스템 홈페이지(http://seoji.nl.go.kr)와 국가자료공동목록시스템
(http://www.nl.go.kr/kolisnet)에서 이용하실 수 있습니다. (CIP제어번호 : CIP2013022278)

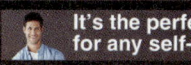

From basic greetings and expressions to grammar and conversations!

**Practical,
Useful and
Easy-To-
Understand
Lessons!**

Superstar
Deutsch
für Anfänger

It's a completely new way to **learn foreign language vocabulary** fast and easy.

From **basic greetings** and **expressions** to **grammar** and **conversations**!

{ 인간적으로 좋은 제3외국어 첫걸음 교재에 대하여! }

From **basic greetings** and **expressions** to **grammar** and **conversations**!

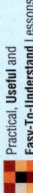

1. 들어가는 말!

이 책은 바빠서 죽을 것 같지만 그래도 왠지 배워두면
보약이 될 것 같은 제3외국어
(스페인어/프랑스어/독일어/이탈리아어)의
초보 학습자 여러분을 위해 특별히 기획되었습니다.

대학 교양강좌와 대한민국 다국어 학습교재의
국가대표급 교수님들이 성의를 꽉 채워
준비한 프로젝트입니다.
답답하고 숨 턱턱 막히는 꼴통 문법서가 아니라

제3외국어 자체에 대한 흥미와 관심이
생활회화, 여행회화 능력으로 곧바로 이어지는
고딴 책입니다.

제3외국어 학습, 궁극의 뿌듯함을 선사하고자
외국어 학습의 비법과 친절함이 똘똘 뭉친 거죠.

배우는 과정 자체가 교양이 되고 희망이 되는 그런 보약 같은 외국어입니다.

Pronunciation Guide
The quickest way for slow learners!

2. 그런데 말입니다!

우리가 애정을 가지고, 부담감 없이 친해질 수 있는
외국어는 진심 없는 걸까요?

점수의 대상으로서의 외국어가 아닌
내가 좋아서 시작하고,
가까운 어느 날 나 자신에게 효도하는 그런 외국어,
그리고 배우는 과정 자체가 교양이 되고 희망이 되는
그런 보약 같은 외국어 말입니다.

Basics Grammar
Void of all nonessentials!

3. 그래서 준비했습니다!

문법 따로, 회화 따로인 기존의 교재와 완전 다르게
접근했습니다. 방금 배운 문법이 바로 활용 가능한,
그래서 생활회화에 대한 응용력이 생기고,
동시에 조만간 박차고 떠나게 될
유럽여행의 여행회화가
덤으로 해결되는 그야말로 회화 자신감이
만땅 채워지는
정말 제대로 된 스스로 학습서!

대한민국 모든 초보 학습자를 위한 절대 친절,
궁극의 자습서를 말입니다!

It's **the perfect book**
for any **self-learner.**

It's a completely new way to **learn foreign language vocabulary** fast and easy.

From **basic greetings** and **expressions** to **grammar** and **conversations**!

【 새로운 시리즈의 결정적 경쟁력! 】

From **basic greetings** and **expressions** to **grammar** and **conversations**!

Learn to understand and speak Languages quickly and easily.

문법의 근본적인 이해능력,
바로 이 부분이 해결되어야
자연스럽게 회화능력이 쌓입니다.

1. 초순식간에
다국어와 친구되기!

그래서 시리즈는 외국어 문법을 이야기의 대상으로
그리고 문법과 사람이야기라는 콘셉트로
설명해드릴 것입니다.

이번 시리즈는 학습자 스스로가 문법구조를
또박또박 짚어가며,
자신의 회화실력을 꾹꾹 눌러 다지는 시스템입니다!
그래서 편안한 마음으로 완전 혼자서 공부할 수 있는
진짜 독습서쥬!

2. 불확실성의 앵무새 죽이기!

A:B 대화형식의 문장 외우기는 어디로 튈지 모르는
상대방 대화의 불확실성을 전제로 하고 있습니다.

그렇기 때문에 학습자에게 중요한 것은
어떤 상황에서든 내가 만들어 낼 수 있는 문장생성능력,
그리고 문법의 근본적인 이해능력입니다.
바로 이런 부분들이 해결되어야
자연스럽게 회화능력이 쌓이는 것이고요.

3. 이번 시리즈의 기본 성격!

언어 자체에 대한 상식적인 접근을 전제로 합니다.
영어 또는 우리말 습관과 비교한다든지,
쉽게 외우고, 활용할 수 있는 묘수를 소개합니다

문법책이지만 이야기가 있고, 여유가 있는 책,
문화와 유럽어권 사람의 이야기가 있는
그런 책입니다.
특히 여행회화도 완벽하게 대비되는
다국어 첫걸음 학습서의 진짜 본좌!

It's a completely new way to **learn foreign language vocabulary** fast and easy.

From **basic greetings** and **expressions** to **grammar** and **conversations**!

{ 스마트한 학습자를
위한 친절한 제안! }

From **basic greetings** and **expressions** to **grammar** and **conversations**!

Practical, **Useful** and
Easy-To-Understand Lessons!

Learn to understand and speak Languages quickly and easily.

달달한 문법이야기 + 회화능력 발전소 + 여행회화 해결책
= 문장 생성력, 아싸~! 외국어 자신감!이 목표입니다!

Basics Grammar
Void of all nonessentials!

1. 이번 시리즈의 목표점!

이번 시리즈의 목표지점에는 언어를 통해
해당 언어권 문화와 사람을 보는 방법이 있습니다.

유럽어라는 잘 만들어진 언어체계를
좀 더 친근하게 분석적으로 접근해 보는 것,
언어 자체에 대한 애정이 쌓여가는 과정이
이번 시리즈의 전체 학습과정이 될 것입니다.

조급해할 필요 없고, 부담도 없이
그저 재미가 탐구되는 언어 학습서가
이번 시리즈의 목표이자 콘셉트입니다.

2. 이번 시리즈의 경쟁력!

여느 문법책과 달리 무 자르듯이 품사별로 나누어
설명하지 않는 이유는
가장 먼저 필요한 요소부터 배우고,
배운 내용만 가지고도 문장생성능력과 회화능력이
곧바로 생길 수 있도록 과를 구성했기 때문입니다.
우리가 언어를 처음 습득할 때의 방식처럼
자주 쓰는 표현, 사용하기 쉬운 표현에 필요한 만큼의
문법을 최우선적으로 소개하고 있습니다.
초소량의 문법으로 최장의 문장을 만들어 내는 것이
우리의 짭짤한 경쟁력입니다!

3. 이번 시리즈, 여행회화는 덤!

이번 시리즈는 문법과 여행회화가
동시에 해결되는 콘셉트로 진행될 것입니다.

이 책에서 배운 것만 가지고도
여행회화가 충분히 해결될 수 있도록
진격할 것이며, 여러분의 유럽어를
귀국길 배낭만큼 빵빵하게 만들어 드릴 것입니다.

Practical, Useful and
Easy-To-Understand Lessons!

For the Smart Device and Mobile User!

Pronunciation Guide
The quickest way for slow learners!

친절한 mp3 청취파일!

대한민국 첫걸음 학습서 역사상 최초로
모든 **mp3** 파일을 부록 스크립트에서
일련번호로 정리해 제공해드립니다.
이제 필요한 문장만 콕 찍어서
찾아 들을 수 있습니다.
스마트 기기에 **mp3** 파일을 다운로드 하시고
싱싱한 원어민 발음을 즐겨보십시오!

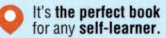 It's **the perfect book**
for any **self-learner.**

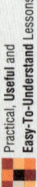

Contents

'문법을 지배할 자' 를 위한
초단기 문법완성 차례!

Practical, Useful and Easy-To-Understand Lessons!

Practical, Useful and Easy-To-Understand Lessons!

It's **the perfect book** for any **self-learner**.

Practical, Useful and
Easy-To-Understand Lessons!

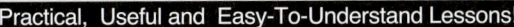

Practical, Useful and Easy-To-Understand Lessons!

The quickest way for slow learners!
11

The quickest way for slow learners!
12

The quickest way for slow learners!
13

The quickest way for slow learners!
14

Practical, Useful and Easy-To-Understand Lessons!

It's **the perfect book** for any **self-learner.**

The quickest way
for slow learners!
15

The quickest way
for slow learners!
16

The quickest way
for slow learners!
17

The quickest way
for slow learners!
18

Practical, Useful and Easy-To-Understand Lessons!

Practical, Useful and
Easy-To-Understand Lessons!

It's **the perfect book**
for any **self-learner.**

Contents

'뜬금 회화능력자' 를 위한
생활회화 및 여행회화가
해결되는 차례!

Practical, Useful and Easy-To-Understand Lessons!

It's the perfect book
for any self-learner.

Practical, Useful and Easy-To-Understand Lessons!

Practical, Useful and
Easy-To-Understand Lessons!

Practical, Useful and Easy-To-Understand Lessons!

Practical, Useful and Easy-To-Understand _essons!

It's **the perfect book**
for any **self-learner.**

Practical, **Useful** and
Easy-To-Understand Lessons!

Wir lernen Deutsch.

Das Alphabet

Lektion #

01 Das Alphabet

It's the perfect book for any self-learner.

Lektion 01
완전 반갑다,
독일어의 알파벳과 모음!
Das Alphabet (1)
[다스 알파벳] 알파벳 (1)

완전 다행스럽게도 독일어는 우리가 잘 알고 있는 알파벳을 그냥 그대로 사용합니다.
문자를 알고 있다는 것은 '마음만 먹으면 언제든 시작할 수 있는 언어' 라는 얘깁니다.
게다가 독일어의 발음법은 '돌직구 스타일' 이라 할 정도로 대박 간결, 명확합니다.
아울러 우리의 일생에 그토록 부담을 주었던 '영어' 가
마침내 여러분의 독일어 학습을 돕는 진귀한 사태까지 경험할 수 있게 됩니다.
약간만 더 너그럽게 독일어를 대하신다면
독일어 학습은 의외로 쉽게 '목표달성' 할 수 있습니다.
바로 그런 편안한 외국어 학습을 위해 여러분께서 저를 호출하신 것이고요~! ^_^

 1-1. 독일어 생각보다 가까이 있다!

'독일어', 우리한테서 얼마나 가까이 있을까요?

독일어는 '알파벳' 언어입니다. '영어' 덕분에 알게 된 바로 그 알파벳!
중국어나 일본어, 아랍어처럼 새로 문자를 배울 필요가 없다는 얘기죠.
문자를 알고 있다는 것은 곧바로 본격적인 학습이 가능하다는 말입니다.
때문에 독일어는 '언제나 찝쩍 가능한 외국어'라고 할 수 있습니다. 사실 독일어는 알게 모르게 우리의 생활 속에 깊숙이 들어와 자리 잡고 있는 언어입니다. 완전 생뚱맞을 수가 없다는 거죠.
결론적으로 독일어는 생각보다 낯설지 않고, 멀지 않은 외국어라 할 수 있습니다.

1-2. 애들 잘 아시죠?

우리에게 친숙한 대표적인 독일 기업들 그리고 '명품의 전당'에 오른 독일 제품들이 있습니다.
누구에게는 목표이고, 또 누구에게는 로망이 된 이름들! 이들의 이름을 제대로 알고 있다면,
여러분은 이미 독일어 발음법을 알고 계신 겁니다.

Audi	**Benz**	**BMW**
아우디	벤츠	베엠베
adidas	**Osram**	**Nivea**
아디다스	오스람	니베아
Agfa	**Siemens**	**Allianz**
아그파	지멘스	알리안츠

친숙함은 물론이고, 제대로 안 읽을 수가 없는 이름들이죠.
여러분께서 평소에 말하던 그대로가 완벽한 독일어 발음법입니다.
바로 이런 이유로 여러분이 이미 독일어 발음법을 안다고 말씀드릴 수 있습니다.
사실 소개한 것만 가지고도 독일어 발음법의 중요한 부분들이 상당수 해결이 됩니다.
자! 그래서 친숙한 '발음법과의 소개팅!', 이제 본격적으로 시작해 보겠습니다.

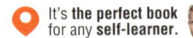

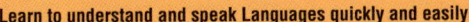

  1-3. **Das Alphabet**

자! 그러면 독일어 알파벳 (**Das Alphabet**) [다스 알파벳]과의 첫 만남을 가져보겠습니다!
[괄호] 안은 우리말 음가, (괄호) 안은 독일식으로 읽는 방법입니다.

A a 아 [ㅏ]	**B b** 베- [ㅂ]	**C c** 체- [ㅊ/ㅆ]
D d 데- [ㄷ/ㅌ]	**E e** 에- [ㅔ]	**F f** 에프 [ㅍ]
G g 게- [ㄱ/ㅋ]	**H h** 하 [ㅎ/묵음]	**I I** 이- [ㅣ]
J j 요트 [ㅣ]	**K k** 카 [ㅋ]	**L l** 엘 [ㄹ]
M m 엠 [ㅁ]	**N n** 엔 [ㄴ]	**O o** 오- [ㅗ]
P p 페- [ㅍ]	**Q q** 쿠- [ㅋ]	**R r** 에르 [ㄹ]
S s 에스 [ㅅ/ㅈ]	**T t** 테- [ㅌ]	**U u** 우- [ㅜ]
V v 파우 [ㅂ/ㅍ]	**W w** 베- [ㅂ]	**X x** 익스 [ㅋㅅ]
Y y 입실론 [ㅣ]	**Z z** 쳇 [ㅊ]	

Practical, **Useful** and
Easy-To-Understand Lessons!

1-4. 독일어 알파벳의 이 뻔한 패턴!

우선 세 번만 리드미컬하게 읽어봐 주십시오.

그러면 영어와 다른 부분에서 일정한 패턴을 발견하실 수 있습니다.
일단 영어와 똑같은 소리의 알파벳이 있습니다. **F, L, M, N, O, S** 가 그렇죠.
그리고 '비, 씨, 디...' 처럼 영어의 'ㅣ' 는 독일어에서 'ㅔ' 가 되어 '베, 체, 데...' 가 되는 것이
있습니다. 이런 패턴에 속하는 것들이 **B, C, D, E, G, P, T** 입니다.
'베, 체, 데, 에, 게, 페, 테' 로 읽습니다.
A 처럼 'ㅔ이' 는 독일어에서 'ㅏ' 입니다. **A, H, K** 가 그렇죠. '아, 하, 카' 로 읽습니다.

이런 방식으로 뜯어보면 결코 낯설지 않을 것입니다.
다소 생소한 발음은 **J** (요트)와 마지막의 6글자 정도고요.

패턴의 인지는 그야말로 순식간에 독일어 알파벳을 학습할 수 있는 방법입니다.
지금 무엇보다도 우리에게 필요한 것은 알파벳의 이름이 아니고
[괄호] 안에 있는 우리말 '음가' 라는 점! 기억해주십시오.

1-5. 날로 먹는 독일어 읽는 법!

아주 살짝만이라도 영어를 접해본 적이 있다면
독일어를 읽는데 아무 어려움이 없습니다.

심지어 일본인에게도 독일어 발음법은 '껌이므니다!' 인 상황이고 보면,
우리나라 사람은 전혀 염려할 수준이 아닙니다.
우리가 **NAKATA** [나카타], **AOI** [아오이]를 주저 없이 발음할 수 있는 것처럼요.
솔직히 말해서 영어의 **A** 가 [아, 에, 애, 에이, 어...] 등등 며느리도 모르고 시어머님도 모를 변화무쌍
한 발음법을 강요한다면, 독일어의 **A** 는 [애 한 가지로 '게임오바' 입니다. 이런 방식으로 독일어의
알파벳은 기본적으로 하나의 소리를 가집니다. 아울러 독일어에서 외래어는 외래어식 그대로 발음
합니다. 우리가 사용하는 외래어식 그대로 통용된다는 얘기죠. 그러니 바로 이런 부분에서 또 먹고
들어가는 것이고요.

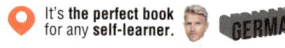

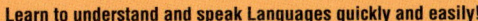

 1-6. 독일어 모음 깔끔하다!

독일어 모음의 기본은 **A a** (아), **E e** (에), **I i** (이), **O o** (오), **U u** (우)입니다.
음가 역시 그대로 [ㅏ], [ㅔ], [ㅣ], [ㅗ], [ㅜ]입니다. 읽는 그대로 발음되는 것이죠.

Audio
[아우디오] 오디오

Auto
[아우토] 자동차

독일어 대표 모음의 발음법, 80%를 한방에 해결해주는 단어들입니다.
모음 발음법을 싹 다 정리해 버리는 그야말로 '해결사' 단어들이죠. ·_·
영어의 **house** 와 독일어의 **Haus** [하우스] (집)을 비교해 보시면
어떤 것이 진정한 '하우스' 인지 알 수 있습니다. ㅎ
(잠깐만요!! 독일어의 모든 명사는 무조건 대문자로 씁니다.)
좀 더 만나보실까요?

A a	**Mann** [만] 남자	**E e**	**Bett** [베트] 침대
I i	**Pilz** [필츠] 버섯	**O o**	**offen** [오펜] 열다
U u	**Beruf** [베루프] 직업		

참고적으로 '이름' 을 영어는 **name** [네임]으로 읽지만, 독일어는 **Name** [나메]로 모음을 기준으로
두 음절로 나누어 읽습니다. 영어에서는 사라진 마지막의 **-e** 도 분명히 소리가 나죠.
독일어에서는 이처럼 단어 안에 존재하는 모음은 반드시 소리를 가집니다.
단! **ie** 는 [이-]로 하나의 소리처럼 길게 발음합니다.

liegen
[리-겐] 놓여있다

fliegen
[플리-겐] 날다

🔴 🧑 1-7. 변한 모음과 반만 모음?

좀 더 특별한 독일어 모음들이 있습니다.

먼저 모음이 변해서 만들어진 것이 '변모음' 입니다.
독일어에는 **Ä ä** (에), **Ö ö** (외), **Ü ü** (위) 3가지가 있습니다.
소리는 **Ä ä** [ㅔ] (**e** 와 같은 소리), **Ö ö** [ㅚ] , **Ü ü** [ㅟ] (반모음 **y** 와 같은 소리)입니다.
변모음은 한눈에 독일어 문장인지 알 수 있게 하는 독일어의 아이콘 같은 모음입니다.

다음은 변모음이 들어간 독일인의 성씨입니다. 흔하게 볼 수 있는 이름들이죠.

Bäcker
[베커] 베커

Köller
[쾰러] 쾰러

Müller
[뮐러] 뮐러

j (요트)와 **y** (입실론)은 '반모음' 으로 구분됩니다.
j 는 [ㅣ]에 해당하며 모음과 결합하면 **ja** [야] (네), **jeder** [예더] (누구나) 식이 됩니다.
y 은 [ㅟ] 발음입니다.

jung
[융] 젊은

Typ
[튑] 타입

🔴 🧑 1-8. 중모음, 참 솔직하다!

중모음이란 같은 모음이 중첩, 연속되는 것을 말합니다.

영어에서는 **book**, **cook** 의 **oo** 가 [ㅜ]로 발음이 바뀌지만,
독일어에서는 그냥 그대로 좀 더 길게 발음하면 됩니다.
모음이라는 것이 입을 벌려 내는 소리인데 그것이 겹친다고 하면 더 오래 소리를 내는 것이 상식적이겠죠. 독일어 문법을 보다보면 이렇게 상식적으로 논리적으로 고개를 끄덕이게 하는 부분이 엄청 많습니다.

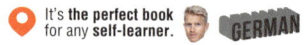

Boot

[보-트] 배

Tee

[테-] 차

  1-9. 이중모음(복모음)

이중모음 역시 지극히 상식적으로 발음됩니다.
예를 들면 **au** [아우], **ai** [아이] 하는 식이죠.

Braun

[브라운] 갈색

Traum

[트라움] 꿈

Mai

[마이] 5월

단! 약간 신경 써서 발음해야 할 이중모음이 있습니다.
ei / ey [아이]와 **eu / äu** [오이] (속칭 '오이 발음')으로 불리는 두 가지 경우입니다.
äu 의 **ä** 는 **e** 처럼 발음된다고 했으니 결국 **eu** 와 같은 소리인 것이고요.

Ei

[아이] 달걀

Meyer

[마이어] 마이어 (성씨)

Europa

[오이로파] 유럽

Kräuter

[크로이터] 허브

와우~! 이 정도면 독일어 모음의 발음법은 싹 다 정리되신 거에요~!

30

01+
Lektion 01. Multi+Plus
독일어 알파벳과 함께 하는 독일 출신의 잘난 사람들!

독일어 알파벳과 좀 더 친해지는 특별한 시간을 준비했습니다.
다음에 소개할 세계적 인물 모두는 독일(오스트리아) 출신입니다.
여러분의 독일어 학습을 아주 오래 전부터 기다리고 있는 분들이죠. ㅎ

It's **the perfect book**
for any **self-learner.**   GERMAN

이번 과의 학습 포인트는 먼저 유명인 이름에 있는 '모음' 이
제01과에서 학습하신 발음법과 어떻게 맞아 떨어지는지 비교 확인해보시고,
다음으로 발음이 독특한 자음을 눈여겨 보시면 됩니다.

자음의 발음법에 대해서는 다음 과에서 전격 확인하실 수 있습니다.
자, 그러면 한 분씩 만나볼까요?

(독일 출신 유명인들 엄청나게 많습니다만,
이번 코너에서는 우리의 발음 공부에 적극적으로 도움을 주실 4분씩만 모셨습니다.)

1-1+. 독일의 음악가

Ludwig van Beethoven
[루드비히 판 베토벤]

Franz Schubert
[프란츠 슈베르트]

Georg Friedrich Händel
[게오르크 프리–드리히 헨델]

Robert Schumann
[로베르트 슈만]

독일 출신의 음악가들입니다. 독일이 클래식의 왕국인 이유이기도 하죠.

-er 는 [에르] 또는 [에]로 읽을 수 있습니다.
'슈버트, 로버트' 도 가능하다는 얘기죠.

참고적으로 독일과 오스트리아에서 미들네임으로 쓰이고 있는
van [판] 또는 **von** [폰]은 귀족을 표시합니다.
독일 출신의 전설적 지휘자 **Herbert von Karajan** [헤르베르트 폰 카라얀]의 조상님도
잘나가셨단 얘기입니다.

1-2+. 독일의 미술가

Albrecht Dürer
[알브레히트 뒤러]

Hans Holbein
[한스 홀바인]

Matthias Grünewald
[마티아스 그뤼-네발트]

Paul Klee
[파울 클레-]

변모음, 중모음, 이중모음 등을 골고루 소개한 독일의 미술가들입니다.
'게르만의 창조력' 을 미술로 승화시킨 분들이죠.
이웃 프랑스, 이탈리아, 네덜란드의 화가들과 비교하면
독일인들은 보다 더 '내면적인 원형미' 를 추구했습니다.

1-3+. 독일의 사상가

Martin Luther
[마르틴 루터]

Friedrich Nietzsche
[프리-드리히 니-체]

Karl Marx
[칼 마르크스]

Georg Wilhelm Hegel
[게오르크 빌헬름 헤겔]

루터, 니체, 마르크스, 헤겔 이전과 이후는 완전히 다른 세상이 됩니다.
역사의 거대한 물길을 바꾼 독일 출신의 사상가들이죠.
Nietzsche [니-체]의 철자, 한 번 더 눈여겨 봐주세요. (연속자음이 무려 다섯 개!!!!!)

1-4+. 독일의 과학자

Johannes Gutenberg
[요-하네스 구텐베르크]

Carl Friedrich Gauß
[칼 프리-드리히 가우스]

Albert Einstein
[알베르트 아인슈타인]

Georg Ohm
[게오르크 옴]

세계 역사의 축을 움직인 독일의 과학자들입니다.
역사상 가장 훌륭한 사건 1위는 '금속활자 발명' 입니다.
인류 발전에 비교할 수 없을 정도로 지대한 영향을 끼친 발명이라는 것이죠.
이제 세계는 '최초의 금속활자' 를 말할 때
우리나라의 '직지심체요절' (1377)과 독일의 '구텐베르크의 성서' (1455)를 함께 말합니다.
'최초의 사용' 과 '최초의 영향' 으로 각각을 평가하면서 말이죠.

특별한 독일자음 **ß** (에스체트)가 등장했는데요, 요건 **ss** 로 이해하시면 됩니다.
그래서 **Gauss** 라고 쓰기도 하죠.

1-5+. 독일의 스포츠 스타

Franz Beckenbauer
[프란츠 베켄바우어]

Gerd Müller
[게르트 뮐러]

Steffi Graf
[슈테피 그라프]

Michael Schumacher
[미하엘 슈-마허]

독일인에겐 국가적 영웅으로, 세계인에겐 살아있는 전설이 된 스포츠 스타입니다.
강한 체력과 명석함을 겸비한 '독일인의 표상' 같은 인물들이죠.

이쯤이면 독일어 모음의 음가에 친숙해지고, 독일어 발음에도 어느 정도 자신감이 생기셨을 것입니다. 우리가 평소에 익히 듣고 있던 독일 출신 유명인들의 이름을 어떻게 발음해야 제대로인지도 확인하는 계기가 되셨을 테고요. 다음 과에서 몇 가지 자음의 발음만 더 만나보시면 여러분의 독일어 발음법은 그야말로 상큼하게 완성될 것입니다.
그래서 힘차게 다음 과로 달리자**go yo**!

Lektion
02
Das Alphabet (2)

It's the perfect book for any self-learner.

34

02.

Lektion 02
정말 쉽다,
독일어의 자음과 발음규칙!
Das Alphabet (2)

[다스 알파벳] 알파벳 (2)

독일 사람 성대모사 개그 장면은
하나같이 굉장히 터프하고
과장된 발성으로 웃음을 자아냅니다.
금방이라도 한판 뜨자는 느낌,
왠지 당장 돌격이라도 해야 할 것 같고,
심지어 애인과의 대화도 군대 명령처럼 묘사하죠.
독일어는 가죽바지에 헤비메탈로
질러줘야 제맛일 것 같고요. ㅎ
이렇듯 독일어 발음이 유독 딱딱하게
그야말로 '초박력' 으로 들리는 이유는 자음 탓이 큽니다.
어떤 속사정이 있는지 확인해 보도록 하겠습니다.
독일어 자음, 딱딱하거나 터프!!!

The best and quickest way
to communicate in a new language
Learn to understand and speak Languages quickly and easily!

2-1. 독일어 자음, 이미 친숙하다!

독일어의 자음 발음법, 역시 굉장히 상식적입니다.

마치 우리가 오래전부터 이미 알고 있었던 것처럼요.
예를 들어 **m** (엠), **n** (엔)이 각각 [ㅁ], [ㄴ]의 음가를 가진다거나
p (페), **t** (테)가 각각 [ㅍ], [ㅌ]의 발음이 난다는 거죠.
덕분에 대략 몇 가지만 정리하면 자음 역시 간단하게 해결할 수 있습니다.
보다 애정이 필요한 자음부터 순서대로 하나씩 설명을 드리겠습니다.

2-2. **BDG**(베데게) 삼총사의 이중생활?

b (베), **d** (데), **g** (게)는 각각 [ㅂ], [ㄷ], [ㄱ]로 발음됩니다.
단! 단어의 끝에 오면 경음화되어 각각 [ㅍ], [ㅌ], [ㅋ]로 소리납니다.
p (페), **t** (테), **k** (카)처럼 소리 나는 셈이죠.
독일어가 대략 딱딱하게 들리는 이유 중 하나가 이겁니다.

b (베)	**leben** [레벤] 살다	**Lob** [로프] 찬양
d (데)	**Feder** [페더] 깃털	**Hand** [한트] 손
g (게)	**Gold** [골트] 금	**Tag** [타ㅋ] 낮/날
p (페)	**Lippe** [립페] 입술	**Mappe** [맙페] 지도
t (테)	**rot** [로트] 붉은	**Ton** [톤] 소리

 It's the perfect book for any self-learner. GERMAN

k (카)   **kommen**   **Klasse**

[콤멘] 오다   [클라쎄] 학급

결국 **b-p**, **d-t**, **g-k** 는 '한통속이다' 라고 생각할 수 있습니다.
종종 영어단어와 흡사하게 생긴 독일어를 보면 이러한 현상의 이유를 알 수 있죠.
(예 : 영어 **red** = 독어 **rot**)

 ## 2-3. **S** 의 다양한 변주곡!

자음 중에 가장 많이 사용되는 것이 **s** (에스)입니다.
독일어의 자음 **s** 는 2가지로 발음됩니다.
s 다음에 모음이 오면 [ㅈ]로 발음되고, 그밖에 경우는 [ㅅ]로 발음합니다.

Rose   **Glas**

[로제] 장미   [글라스] 컵

ß (에스체트)는 **ss** 에 해당하는 독일어 특유의 문자입니다.
단어의 중간이나 단어의 끝에서만 쓰이며 **S** [ㅅ/ㅆ]와 같은 발음입니다.

Fuß   **Fußball**

[푸쓰] 발   [푸쓰발] 축구

s (에스)와 다른 자음이 조합된 것들이 있습니다.
먼저 **sp** [슈프], **st** [슈트]가 있는데요,
단어의 중간이나 단어 끝에 올 땐 **sp** [스프], **st** [스트]로도 발음됩니다.

spät   **Stadt**

[슈페트] 늦은   [슈타트] 도시

**The best and quickest way
to communicate in a new language**
Learn to understand and speak Languages quickly and easily!

sch [쉬]는 영어의 **sh** 와 같은 발음입니다. 또 다른 **s** 의 조합 형태로 **tsch** [취]가 있습니다.

Fisch
[피쉬] 물고기

Deutschland
[도이췰란트] 독일

'도이취 (**Deutsch**)의 나라 (**Land**)' 라는 뜻의 **Deutschland** 는 독일어 발음법 공부의 완전체입니다. **eu** [오이] 발음이 있고, **tsch** [취]가 있고 그리고 끝에 **d** 가 [트]로 발음되는 것까지 중요한 발음규칙을 3가지나 한꺼번에 알려주고 있기 때문이죠.

2-4. H (하) 있다, 없으니까!

단어 첫머리에 오는 **h** (하)는 [ㅎ] 발음입니다.
그렇지만 단어의 중간이나 단어 끝에 올 때는 묵음, 즉 소리가 나지 않으면서 앞에 있는 모음을 길게 발음하게 만듭니다. '장음하(**h**)와 얼굴들' 로 기억하시면 되겠습니다. ㅎ

Haus
[하우스] 집

leihen
[라이-엔] 빌리다

2-5. 마지막 칸의 친구들 V W X Z

알파벳의 마지막을 장식하고 있는 **v** (파우), **w** (베), **x** (익스), **z** (쳇)은 영어와 살짝 다른 느낌의 자음들입니다. 하나씩 살펴보겠습니다.

v (파우)는 **f** [ㅍ]와 같습니다.
영어의 **father** 와 비교하면 영어와 독일어가 사촌지간이라는 관계를 짐작해 볼 수 있습니다.
(단, 외래어의 경우는 영어처럼 [ㅂ]로 소리 납니다.)
그리고 **w** (베)는 [ㅂ] 소리입니다.
b 가 입술이 닿는 [ㅂ]라면 **w** 는 입술이 닿지 않는 [ㅂ]입니다. 그러니까 악극의 황제 **Richard Wagner** 는 '와그너' 가 아니고 '봐그너' 라고 해야 맞습니다.

우리에게 친숙한 **Volkswagen** [폴크스바겐]은 '국민차' 라는 뜻입니다. 국민차 개념의 원조가 독일
이라는 것을 알 수 있죠.

Volk

[폴크] 국민

Wagen

[바겐] 자동차

x (익스) [**ks**] 발음입니다. 실제 우리말로 표기할 때는 [ㄱ ㅅ]으로 되죠

Taxi

[딕시] 택시

nix

[닉스] 아무것도 아니다

z (쳇) [ㅊ] 발음입니다.
엄밀히 말하면 [찌]와 [ㅊ]의 중간 정도라고 생각하시면 됩니다. 그래서 **Mozart** 를 [모차르트] 또는
[모짜르트]라고 부르는 것입니다. (편의상 [ㅊ]로 표기하겠습니다.)
tz 도 [ㅊ]로 같은 소리가 납니다.

Polizei

[폴리차이] 경찰

Benz

[벤츠] 벤츠

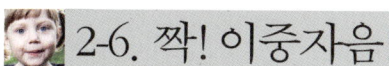 ## 2-6. 짝! 이중자음!

ch (체하)는 독특한 발음법의 소유자입니다. '히' 소리와 '흐' 소리로 구분되는데요,
a, **o**, **u** 뒤에 오면 [흐], 나머지 경우는 [히]로 발음합니다.

Bach

[바흐] 바흐

Milch

[밀히] 우유

ck (체카)는 **k** 와 같습니다. [ㅋ] 발음이죠.

lecker

[레커] 맛있는

dick

[딕] 뚱뚱한

The best and quickest way
to communicate in a new language
Learn to understand and speak Languages quickly and easily!

ng 는 받침소리 [ㅇ]이며, **nk** 는 [ㅇ ㅋ]입니다.

lang
[랑] 긴

Bank
[방크] 은행

pf 는 '파열음' **p** 와 '마찰음' **f** 를 하나의 소리로 내는 발음으로 어쩌면 독일어에서 가장 까다로운 발음이라고 할 수 있습니다. 제대로 하려면 입속에 공기를 머금고 있다가 **f** [ㅍ]로 발음하면서 뱉어 내면 됩니다. 그냥 [ㅍ]로 발음하셔도 소통에는 별 지장 없고요~! ·__·

Kopf
[코프] 머리

Pfeffer
[페퍼] 후추

(이후부터는 편의상 간략하게 [ㅍ]로 표기하겠습니다.)

2-7. 그 밖의 자음들

그 밖의 소소한 발음들이 더 있긴 하지만 끝으로 두 가지만 더 챙기겠습니다.
q (쿠)는 단독으로 쓰이지 않고 항상 **u** 와 함께 쓰이며 [크비]로 소리 납니다.
t 가 **-tion** 의 형태이면 [-치온]으로 발음합니다.

Qualität
[크발리테트] 품질

Nation
[나치온] 국가

2-8. 독일어의 길고 짧음!

독일어의 모음은 장음 또는 단음으로 발음됩니다.
경우에 따라서 길게 발음하기도 하고 짧게 발음하기도 한다는 얘기죠.
대표적인 장단음 발음규칙은 다음과 같습니다.

1) 단음절의 단어나 1개의 자음 앞에 오는 모음은 길게 발음합니다.
'길다' 는 것은 짧게 끊지 않는 수준입니다. 굳이 표기하자면 다음에 가깝다는 것이죠.

Tag

[탁)타악] 날

Tal

[탈)타알] 계곡

2) 연속하는 모음은 길게 발음합니다.
원래 모음이라는 것이 입을 벌려 나는 소리이므로, 2개 이상이라면 당연히 더 길게 소리가 나겠죠.

특히 독일어는 모음이 2개가 겹쳐도 원래의 소리 그대로 납니다.
영어의 **book** 처럼 **o** [오]가 2개일 때 [우]로 발음이 바뀌지 않습니다.
독일어는 그대로 발음하되 다만 길이가 길어질 뿐입니다.

U-boot

[우 보-트] 잠수함

Tee

[테-] 차

3) 묵음 **h** (하) 앞의 모음은 길게 발음합니다.

Mehl

[멜-] 밀가루

Schuh

[슈-] 신발

4) 2개 이상의 자음 앞에 있는 모음은 짧게 발음합니다.

Mann

[만] 남자

Kamm

[캄] 빗

2-9. 독일어의 초간편 강세규칙!

기본적으로 독일어의 악센트는 단어의 첫음절에 있습니다.
일단 앞쪽을 세게 힘주어 읽으면 된다는 얘긴데요, 독일어가 '드센' 느낌이 드는 이유가 바로 여기에 있습니다. 아울러 영어의 **forgive** 나 **believe** 에서 **for** 나 **be** 에 강세가 없는 것처럼 독일어의 접두어(전철) **be-**, **ent-**, **emp-**, **er-**, **ge-**, **miß-**, **ver-**, **zer-** 등에도 강세가 없습니다. 자동적으로 다음 모음에 강세가 오는 것이죠. 종종 외래어의 경우는 본래의 강세로 읽혀집니다.

지금까지 소개한 단어들을 앞쪽에 강세를 두어 한 번 읽어보시면 독일어가 훨씬 맛깔나게 들릴 것입니다. 마치 독일에서 좀 산 사람처럼요. ㅎ

02+
Lektion 02. Multi+Plus
인사표현으로 정복하는 독일어 발음법!

독일어 알파벳과 발음법 정복을 기념하는 코너!
국가대표급 인사표현을 몽땅 소집했습니다.
독일어 발음법을 정리하는 차원에서 '일상회화의 시작과 끝' 이라고 할 수 있는
인사표현과, 딱 한 단어로 된 천금 같은 핵심표현을 정리해 보겠습니다.

2-1+. **Best of Best** 독일어 인사표현!

하루에 수도 없이 사용하게 되는 인사표현이 있습니다.
인사표현은 하루의 시작이며 마무리입니다.
인사는 인사일 뿐입니다! 문법 따지지 말고 언제, 어떨 때 사용하는지에 주목하는 것이 바람직한 자세입니다. 아울러 적당한 얼굴표정과 제스처를 함께 한다면 그야말로 독일어 인사 표현의 능력자가 될 수 있습니다. ㅋ

Guten Morgen!
[구텐 모르겐!] 안녕하세요! (= 좋은 아침!) (아침 인사)

Guten Tag!
[구텐 탁!] 안녕하세요! (낮 인사 : 오전 10시부터 오후 5시까지)

Guten Abend!
[구텐 아벤트!] 안녕하세요! (저녁 인사)

Gute Nacht!
[구테 나흐트!] 안녕히 주무세요! (밤 인사 : 밤에 헤어질 때, 자러 들어갈 때)

영어의 '**Good morning / evening / night.**' 와 그대로 닮아 있음을 알 수 있습니다.
낮 인사 **Guten Tag!** 의 **Tag** 을 잠깐 볼까요?
앞에서 말씀드린 것처럼 **d** 와 **t** 는 '한통속' 이며, 영어에서는 서로 대체되어 있습니다.
아울러 독일어의 **g** 는 영어의 **y** 로 바뀌죠. 그래서 **Tag** 은 영어의 **day** 인 것이고요. (영어의 **way** 는 독일어로 **Weg** 입니다.)
찬찬히 뜯어보면 영어와 독일어가 어디가 어떻게 다르고 어떤 비하인드 스토리가 있는지 유추할 수 있습니다.
바로 요런 재미를 찾는 과정이 독일어 학습의 재미여야 하고요.

Guten Morgen / Tag ..! 등 인사표현은 '당신에게 좋은 아침 / 날...을 바랍니다.' 의 축약표현입니다.

2-2+. **Gut** 이 들어있는 '좋은' 독일어 표현들!

그래도 궁금해 하실 것 같아서 말씀드리는데요, 어떤 건 '구텐' 이고 어떤 건 '구테' 인 이유는 뒤에 오는 명사에 따라 형용사의 어미가 변한 상태입니다. (차차 말씀드리겠습다. ·_·) 요런 정도로만 이해하여 주시고 gut [굿] (좋은)이 들어가는 아주 유용한 표현들을 만나 보시죠.

Guten Appetit!

[구텐 아페티트!] 맛있게 드세요! (맛있게 먹겠습니다!)

프랑스어 **Bon appétit.** 의 '독일어판' 입니다. 식사 전에 반드시 해야 하는 인사이고 초대를 받았다면 음식을 준비한 호스티스와 눈을 마주 보며 인사하는 것이 매너입니다. 호스티스가 먼저 식사를 하면 따라서 식사를 시작하시면 됩니다.

Guten Erfolg!

[구텐 에어폴크!] 많은 성과 있으세요!

Gute Besserung!

[구테 베서룽!] 빨리 완쾌하세요!

Besserung 은 영어 **better** 의 명사형인 셈입니다. (**-ung** 은 명사형 어미) '좀 더 나음' 이라는 뜻으로부터 '쾌차하세요.' 라는 인사로 씁니다.

Alles Gute!

[알레스 구테!] 모든 일 잘되세요!

'만사형통(萬事亨通) 하세요!' 라는 뜻입니다. (**All the best!**)

2-3+. 기막힌 한 단어 독일어 표현!

달랑 한 단어로 상황이 깔끔하게 해결되는 고마운 표현들이 있습니다.
간단해서 더욱 애용되는 표현들이죠.

 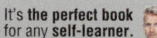

Gesundheit!

[게준트하이트!] 건강하세요!

옆 사람이 재채기를 할라치면 처음 보는 사람일지라도 외쳐주는 매너표현입니다.
이 말을 자연스럽게 건넨다면 대번에 '독일을 쫌 아는 사람!' 으로 등극하게 됩니다.
기꺼이 '게준트하이트!' 를 전해주세요!

Mahlzeit!

[말차이트!] 식사하세요!

'식사 (**Mahl**) + 시간 (**Zeit**)' 이 합해진 표현입니다. '밥타임!, 밥 먹자!, 밥 먹었니?, 밥 먹고 합시
다!' 등 다양한 뉘앙스로 사용할 수 있습니다.

Prost!

[프로스트!] 건배!

술판 벌여 놓고 외치는 바로 그 표현이죠!
Zum Wohl! [춤 볼!] (위하여!)라는 표현도 많이 사용합니다.

Entschuldigung.

[엔트슐디궁.] 실례합니다.

미안할 때, 실례를 했을 때, 상점에 들어가면서, 점원을 찾을 때 등 여러모로 활용이 많은 표현입니
다. **Verzeihung.** [페어짜이웅.] (죄송합니다.)도 함께 사용하실 수 있습니다.

Tschüss!

[취쓰!] 안녕!

헤어질 때의 인사표현입니다. 마치 키스 소리를 연상시키는 아름다운 울림으로 독일어에서는 흔하
지 않은 '앙증맞은 느낌의 표현' 입니다. ·_·

인사는 얼굴표정으로 완성됩니다.
어떤 마음, 어떤 느낌으로 전하느냐가 제일 중요하죠.
여러분의 독일어는 처음 시작할 때부터 맑은 표정과 함께 만들어지셨으면 좋겠습니다.

Practical **Useful** and
Easy-To-Understand Lessons!

45

Deutsch

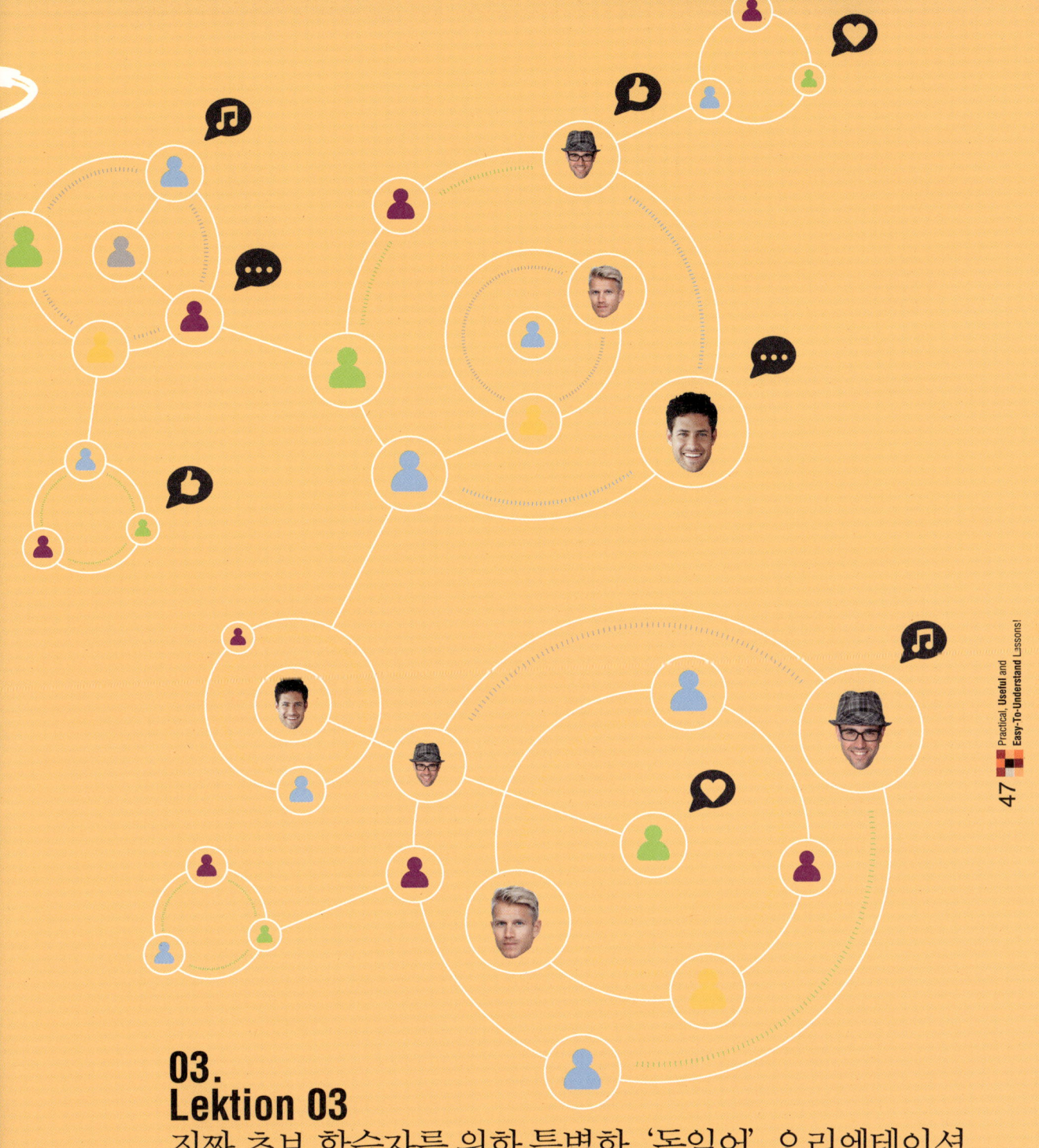

03.
Lektion 03
진짜 초보 학습자를 위한 특별한 '독일어' 오리엔테이션
Deutsch

[도이취] 독일어

이번 과는 대충 읽고 넘어가는 코너입니다.
독일어 의 윤곽을 가볍게 훅~! 살펴보는 시간으로 일종의 '독일어 오리엔테이션' 이라고 할까요? ^0^
독일어가 영어 또는 우리말과 비교하여 어떤 특징이 있는지,
어떤 부분을 미리 알고 있으면 독일어 공부가 겁나게 쉬워지는지 알아보겠습니다.
이름하여 **6ix Sense Sentences!** 독일어의 특징을 6문장으로 알아보는 대략 감각적인 코너입니다.

독일어가 수월하게 리(이)해 되는 결정적 6문장!

본격적인 독일어 학습에 앞서, '독일어' 라는 언어의 특징을
한눈에 살펴볼 수 있는 코너를 마련했습니다.

이름하여 **'6ix Sense Sentences!'**
'달랑 6개의 문장으로 알아보는 독일어의 결정적인 특징!' 이 되겠습니다.
독일어 완전 생초보자가 미리 봐두면 독일어의 기초를 맛볼 수 있는 '독일어 개론' 같은 것이죠.
대략적으로라도 알고 있으면 독일어에 대한 부담을 덜고 끝까지 완주할 수 있는 내용입니다.

자! 그래서 독일어와 감각적으로 친해질 수 있는 6문장을 소개합니다.
'아, 독일어는 요렇구나!' 정도로 일단 대충 읽어주십시오.
여러분의 독일어 선입견을 프렌들리하게 만들어 줄 '독수리 6문장!' (**6ix Sense Sentences**),
지금, 바로 시작합니다! (이번 과는 대충 읽으셔도 됩니다~!!!)

3-1. 독일어, 억지는 없다!

영어의 애매한 관사,
'이걸 우리말로 해석해야 하나 말아야 하나?' 하는 애매한 부분이 독일어에서는 보기 힘듭니다.

I   am   a   Korean.
Ich bin   Koreaner / Koreanerin.
[이히   빈   코레아너 / 코레아너린.]
나는 한국남자(여자)입니다.

영어와 독일어 예문을 보면 '인칭대명사 (**I** 〉 **Ich**)(나는), 동사 (**am** 〉 **bin**)(~이다)' 로 '주어 + 서술
어 +...' 의 어순으로 시작하고 있습니다.

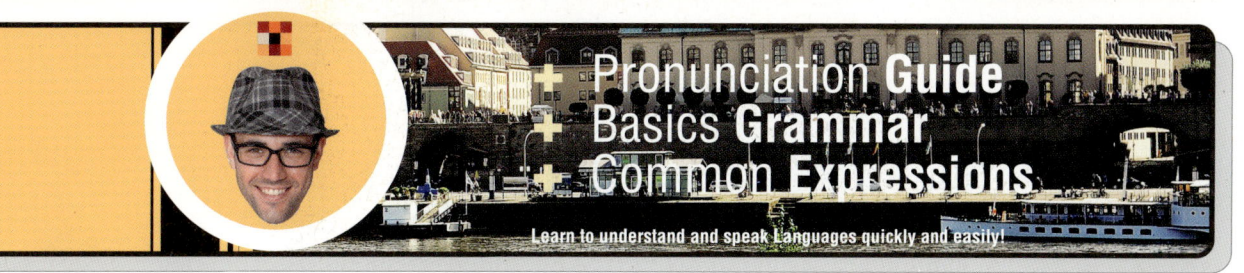
우선 다양한 인칭별 '인칭대명사' 가 존재할 것이라는 것을 생각해 볼 수 있습니다.
다음으로는 영어의 **be** 동사에 해당하는 동사 **sein** 역시, 영어처럼(**am**, **are**, **is** …) 인칭별로 모양이
다양하게 존재할 거라는 것입니다. 영어의 **be** 동사가 인칭별로 다양한 형태를 가지게 된 이유는 가
장 많이 쓰이는 동사가 가장 많은 변화를 겪은 흔적으로 독일어 역시 마찬가지입니다.

다음은 관사입니다. 비교해 보면 영어의 부정관사(**a/an**)이 독일어에서는 사용되고 있지 않습니다.
그렇다고 해서 독일어에 관사(정관사/부정관사)가 없는 것이 아니고요, 독일어는 좀 더 요긴하게,
좀 더 꼭 필요한 부분에서 효율적으로 사용된다고 이해하여 주십시오. 사실 우리말과 비교해도 '나
는 하나의 한국인이다.' 라는 표현방식은 일순간 '어(**a**)?' 하지 않을 수가 없죠. ㅋ

끝으로 명사입니다. 영문 끝의 **Korean** 이 독문에서는 **Koreaner** / **Koreanerin** [코레아너/ 코레아
너린으로 구분됩니다. 여자용은 어미 **-in** 이 붙게 되는데, 이렇듯 독일어는 명사의 '성' (性)을 중요
시 한다는 것을 알 수 있습니다.

이상의 특징을 '3줄요약' 하면 다음과 같습니다.
독일어의 동사는 인칭에 따라 변화한다!
독일어의 명사는 '성' (性)을 따진다!
독일어의 관사는 꼼꼼하고 효율적이다!

 ## 3-2. 독일어, 살아있네!

I	**learn**	**German.**
Ich	**lerne**	**Deutsch.**

[이히   레르네   도이취.]
나는 독일어를 배웁니다.

('나는 독일어를 배운다.' **I'm learning German.** 입니다만, 비교를 위해 위와 같이 표기했습니다.)

이번에는 동사와 관련된 부분입니다.

From basic greetings
and expressions
to grammar and conversations!

Learn to understand and speak Languages quickly and easily!

'배우다' 라는 현재의 상태를 말할 때 영어는 현재진행형(**be** + **-ing** 형)으로 표현해야 하지만 독일어는 간단히 동사의 현재형으로 가능합니다.

이런 문제보다도 예문에서 설명 드리고자 하는 바는 '동사의 형태' 에 관한 것입니다.
독일어로 '배우다' 는 **lernen** [레르넨]입니다. 독일어의 동사는 대부분 '어간(어근) + 어미(**en**)' 의 형태입니다. 그래서 **lernen** [레르넨] (배우다) 동사 역시 어간 **lern** 과 어미 **en** 으로 이루어져 있음을 알 수 있죠. 여기에서 가장 중요한 사실은 독일어의 동사는 인칭에 따라 어미가 변화한다는 것입니다. 영어가 3인칭 단수에서 **-(e)s** 가 붙는 정도라면 독일어는 각 인칭에 따라 모두 변화한다는 특징이 있습니다. 이 부분에서 초보자 여러분은 혹여 '번거롭고 수고스러움의 압박' 을 미리 겁낼 수도 있지만 독일어는 전체 동사의 80% 이상이 규칙적인 변화를 한다는 '위안' 과, 또 한편으로는 동사의 어미만 보면 문장의 주어가 어떤 것인지를 단박에 알아낼 수 있다는 '기막힌 장치' , 그래서 오해의 여지가 원천적으로 제거된 시스템이라는 점을 생각해 볼 수 있습니다.

그래서 독일어와 친해지는데 결정적으로 중요한 두 번째 특징의 '3줄요약' 은!
독일어 동사의 대부분은 규칙적인 변화를 한다!
독일어 동사의 일부는 불규칙적으로 변화를 한다!
인칭에 따라 변화된 동사를 써야 비로서 제대로 된 독일어 문장이 된다!

 3-3. 독일어, 어순이 깔끔해!

I   can   speak   German.
Ich   kann Deutsch sprechen.
[이히   칸   도이취   슈프레헨.]
나는 독일어를 말할 수 있습니다.

이번에는 어순과 관련된 것입니다.

독일어는 동사의 위치가 매우 중요합니다. 주로 '주어 + 동사 …' 의 어순을 유지하며 항상 두 번째 자리에 동사가 위치합니다. (의문문은 '동사 + 주어…?') 그리고 아울러 중요한 것은 두 번째 자리에는 딱 한 개의 동사만 있을 수 있으며, 나머지는 모두 문장 맨 끝으로 보내집니다. (독일어도 우리말처럼 '끝까지 들어봐야 안다' 는 공통점이 바로 요기에 있죠. ㅎ)

 It's the perfect book
for any self-learner. GERMAN

예문에서 보시면 영어는 주우욱~ 동사들이 딸려 나오지만, 독일어는 조동사가 두 번째에 들어가면서 원래의 본동사는 문장의 맨 끝으로 보내집니다. (영어처럼 독일어 조동사도 동사의 원형을 필요로 하고요.) **kann** 은 '화법조동사' 로 영어의 **can** 처럼 '가능, 능력' 을 나타내는 조동사입니다. 원형은 **können** 이며 문장에서는 1인칭형태인 **kann** 이 쓰였습니다.

같은 원리로 영어의 '**have + p.p**' (현재완료)와 같은 복합적인 시제의 문장에서도 시제조동사만 두 번째 위치에 오고 나머지 과거분사는 문장의 맨 끝으로 가게 됩니다.

We have learned German. ➜ Wir haben Deutsch gelernt.

(우리는 독일어를 배웠다.)　　　　　　　　　　　[비어 하벤 도이취 게레른트.]

그래서 독일어와 친해지는데 결정적으로 중요한 세 번째 특징, '3줄요약' 은!

독일어는 기본적으로 주어 + 동사의 어순이다!

독일어의 동사는 (문장성분 상으로 따져서) 두 번째 위치에 온다!

두 번째 위치에 동사는 하나만 놓이며, 나머지 동사는 모두 문장 끝으로 보낸다!

3-4. 독일어, 딱딱 들어맞는다!

| The man | gives | the kid | a ball. |
| Der Mann | gibt | dem Kind | einen Ball. |

[데어 만]　　　　　　 갑트　　　 뎀 킨트　　　 아이넨 발.]

그 남자는 그 아이에게 하나의 공을 줍니다.

독일어의 관사는 엄청나게 잘 발달되어 있습니다.

영어의 관사가 각각 한 가지씩만 (**the**, **a/an** ; **a/an** 은 단지 발음상의 구분임.) 존재하는 것에 비교하면 독일어는 각각 16개와 12개 모두 28개의 관사 형태가 있습니다.

(바로 이 대목에서 '독일어에서 관사가 쥐약이겠군!' 하고 지레 걱정하실 초보자분들께는 제발 염려 마시라고 말씀 드리겠습니다. 쉽게 익힐 수 있는 방법을 제가 차차 설명해드릴 테니까요. ㅎㅎ)

'관사' (冠詞)라는 것이 머리에 쓰는 모자처럼 명사의 정체를 설명하는 품사이고 보면 독일어는 영어와 비교하여 놀랄 만큼 훌륭하게 자신의 역할을 정확하게 수행하고 있다고 볼 수 있습니다.

예문에서 보면 영어의 경우, 어순이 바뀌었다면 뭐가 '주어' 인지 살짝 난감할 수 있지만 독일어의 경우는 관사가 명사의 격, 즉 문장 내에서의 성분과 수(단수/복수)를 분명하게 식별하여 보여주기 때문에 의문의 여지가 없어집니다.

그래서 독일어를 이해하는데 결정적인 도움이 될 네 번째 특징, '3줄요약' 은!
독일어의 관사는 엄청나게 잘 발달되어 있다!
독일어의 관사는 문장 내에서 명사의 정체를 확실하게 밝혀준다!
독일어의 관사는 문장의 정확한 이해를 돕는다!

3-5. 독일어, 참~ 꼼꼼하다!

She   is   a   good   woman.
Sie   ist   eine   gute   Frau.
[지   이스트   아이네   구테   프라우.]
그녀는 좋은 여자입니다.

독일어는 기본적으로 문장성분 간의 일치를 추구합니다.
하나의 문장에서도 질서정연하고 잘 정돈된 문법적 논리를 완성하죠.
동사가 인칭에 따라 모양이 변하는 것이나, 관사가 성(性), 수(數), 격(格)에 따라 바뀌는 것 등이 그렇습니다. 형용사도 예외가 아니죠.

형용사가 명사 앞에서 명사를 꾸며줄 경우, 형용사는 명사의 성격에 맞춰 변화하게 됩니다.
독일어 예문을 보시면 형용사 **gut** [굿] (좋은)이 '관사와 명사 사이' 에 위치하면서, **-e** 라는 여성형 어미가 붙게 되었습니다. 어미만 보면 다음의 명사가 어떤 문법적 속성을 가지고 있는지 미리 알 수 있게 해주죠. 게다가 '아이**네** 구**테** ...' 하는 식으로 라임까지 척척 들어맞고 말이죠. ·_·

그래서 독일어와 친해지는데 결정적으로 중요한 다섯 번째 특징은!
형용사 역시 꼼꼼하게 변화한다!
독일어의 형용사는 명사 앞에서 어미변화를 한다!

3-6. 독일어 전치사는 지배자다!

She is in the bathroom.
Sie ist in dem Badezimmer.
[지 이스트 인 뎀 바데침머.]
그녀는 욕실에 있습니다.

영어와 달리 독일어 전치사는 격에 맞춰 사용합니다. 이를 '격지배 전치사' 라고 하죠.
독일어의 전치사는 '2격, 3격, 4격, 3-4격' 등 격에 따라 그룹으로 나뉘어져 있습니다.

예문을 보시면 독일어 전치사 **in** (~안에)은 영어와 같은 형태입니다.
다른 점은 독일어이 전치사는 격을 따지기 때문에 다음에 오는 관사가 격에 맞게 변화된다는 것입니다. 독일어의 전치사 **in** 은 '3-4격지배 전치사' 라고 하는데, 3격으로 쓰일 때는 '~ 안에' , 4격일 때는 '~ 안으로' 로 각각 '정지' 와 '이동' 의 상태를 나타냅니다. 예문에서는 3격으로 사용되고 있어서, '~안에' 즉 정지된 상태를 나타낸 것입니다.

자! 그래서 마지막 여섯 번째의 비교 예문을 통해 정리해볼 수 있는 특징, 3줄요약은!
독일어의 전치사는 격에 따라 구분된다!
독일어의 전치사는 격을 지배한다!
격지배 전치사의 종류를 알면 '전치사 + 관사 + 명사' 의 형태를 완성할 수 있다!

지금까지 말씀드린 6가지 예제 문장은 독일어의 기둥뿌리에 해당됩니다.
바로 이런 특징들을 알아가는 것, 이해하고 사용할 줄 알게 되는 것이 우리의 목표입니다.
이 6문장은 영어 또는 우리말과 비교해서 독일어의 가장 변별적인 특징을 보여주고 있기에, 초보자 여러분께서 이런 정도의 특징만 이해하고 따라잡는다면 독일어 학습의 절반 이상을 성공했다고 보셔도 좋습니다.

독일어를 제3외국어 암기과목이 아닌 호기심과 재미의 대상으로 보는 순간,
독일어가 얼마나 논리적으로 접근 가능한 친절한 언어인지 실감하실 수 있습니다.

54

03+
Lektion 03. Multi+Plus
독일 여행준비 0순위는 '숫자 읽기' 다!

만약 여러분께서 전혀 독일어가 준비되지 않은 상태에서 지금 당장 독일 행 비행기를 타야 한다면, 저는 무조건 '독일어 숫자 읽기' 를 권합니다. 숫자는 여행자에게 결정적으로 중요하기 때문이죠. 탑승게이트 번호를 읽으시던 지, 지나가는 남녀의 호감도를 점수로 매기시던지 막간을 이용해 독일어 숫자 연습하기를 강력 추천합니다. 완전 무방비로 독일 땅에 도착하는 것보다는 무지하게 위안이 되실 테니까요.

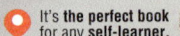 It's **the perfect book** for any **self-learner.**

3-1+. 독일어 숫자 1부터 12까지!

1월부터 12월이 각각의 이름으로 존재하는 것처럼
유럽어의 1부터 12는 각각의 이름이 존재합니다.

동양의 11, 12가 10 + 1, 10 + 2의 조어 방식인 것과 비교하면
독일어는 12진법의 흔적을 유추해 볼 수 있습니다.
자! 그러면 1-12까지 읽어 보실까요?
영어의 모양과 비교해서 보면 두 언어의 '형제애' 를 흠뻑 느낄 수 있습니다.

1	**eins** [아인스] one	2	**zwei** [츠바이] two
3	**drei** [드라이] three	4	**vier** [피어] four
5	**fünf** [퓐프] five	6	**sechs** [젝스] six
7	**sieben** [지벤] seven	8	**acht** [아흐트] eight
9	**neun** [노인] nine	10	**zehn** [첸] ten
11	**elf** [엘프] eleven	12	**zwölf** [츠뵐프] twelve

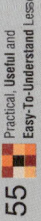
3-2+. 독일어 숫자 13부터 19까지!

다음은 13부터 19까지입니다.
여기부터는 조립방식으로 숫자가 만들어집니다.

예를 들어서 14는 '4 와 10' 의 형태입니다.
일의 단위 (**vier**)가 먼저 나오고 10(**zehn**)과 연결하는 방식이죠. (영어의 **fourteen**)
(주의가 필요한 숫자는 발음상 음이 탈락된 16 **sechzehn** [제히첸]과 17 **siebzehn** [집첸]입니다.)

13 **dreizehn** [드라이첸]

14 **vierzehn** [피어첸]

15 **fünfzehn** [퓐프첸]

16 **sechzehn** [제히첸]

17 **siebzehn** [집첸]

18 **achtzehn** [아흐트첸]

19 **neunzehn** [노인첸]

MU LT I * PL US

The best and quickest way to communicate in a new language!

Learn to understand and speak Languages quickly and easily!

3-3+. 독일어 숫자 21부터 99까지!

이번에는 21부터 99까지 달려보겠습니다.

숫자를 만드는 방식은 일의 단위가 먼저 나오고
접속사(**und**)로 다음의 십의 단위와 연결하는 방식입니다.
(**und** [운트] (그리고)는 대등접속사입니다.)
십 단위는 **-zig** [치히]입니다. (단, 30은 **-ßig** [씨히])
20, 30, 40 … 한번 쭈~욱 읽어볼까요? (역시 주의가 필요한 60과 70)

20 zwanzig [츠반치히]   **30 dreißig** [드라이씨히]

40 vierzig [피어치히]   **50 fünfzig** [퓐프치히]

60 sechzig [제히치히]   **70 siebzig** [집치히]

80 achtzig [아흐트치히]   **90 neunzig** [노인치히]

자, 그러면 두 자리 숫자 읽기를 시작해 볼까요?

유념하실 점 한 가지는 일의 자리수 1은 [아인]으로 읽는다는 것입니다.
단 101처럼 1이 숫자의 끝에 오면 '아인스' 로 읽습니다. (**einhunderteins**)[아인 훈더르트 아인스]
(원래는 모두 붙여 쓰지만, 학습 편의상 띄어서 표기하였습니다.)

31	**ein und dreißig**	[아인 운트 드라이씨히]
45	**fünf und vierzig**	[퓐프 운트 피어치히]
62	**zwei und sechzig**	[츠바이 운트 제히치히]
87	**sieben und achtzig**	[지벤 운트 아흐트치히]

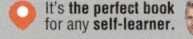

3-4+. 독일어 숫자 백만, 천만, 억!

다음은 100부터입니다.

100은 **hundert** [훈더르트], 1,000은 **tausend** [타우젠트], 10,000은 천이 열 개이니까 **zehntausend** [첸타우젠트], 100,000은 **hunderttausend** [훈더르트타우젠트] 그리고 1,000,000은 **Millionen** [밀리오넨]입니다. 뭐 영어와 거의 똑같습니다.

자! 그러면 실전연습(유로화폐, 온도), 시작해 볼까요?

618	**sechs hundert achtzehn** [젝스 훈더르트 아흐트첸]
7,351	**sieben tausend drei hundert ein und fünfzig** [지벤 타우젠트 드라이 훈더르트 아인 운트 퓐프치히]
EURO.54	**vier und fünfzig Euro** [피어 운트 퓐프치히 유로]
20,5°	**zwanzig Komma fünf Grad** [츠반치히 콤마 퓐프 그라트]

숫자만 듣고 말할 수 있어도 독일 여행의 절반은 성공입니다.
예약 날짜, 금액, 시간표, 주소까지 숫자가 안 들어간 곳이 없으니까요. ·_·

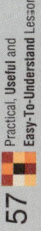

Ich bin Gangdduk Stil.

Practical, Useful and
Easy-To-Understand lessons!

04.
Lektion 04
드디어 독일어 문장을 만들다! 인칭대명사(1)와 동사(1)
Ich bin Gangdduk Stil.
[이히 빈 강뚝 슈틸.] 나는 강뚝 스타일.

It's the perfect b
for any self-lead   GERMAN

우리의 학습전략은 '최소한의 문법으로 최대한 많은 문장' 을 만들어 내는 것입니다.
그리고 이렇게 만든 문장이 곧바로 여러분의 회화능력으로 이어지게 하는데 있고요.
문법은 문장을 짓는 발전소입니다. 얼마나 많은 문장을 말할 수 있느냐는 문법과 얼마나 친한가의
문제이기도 합니다. 문법, '암기의 대상' 이 아닌 '문장을 빚어내는 이야기' 로 이해해 주십시오.
여러분께서 본격적으로 독일어 문장을 만들어 내실 이번 코너는 '인칭대명사와 **sein** 동사'
(영어의 **be** 동사에 해당)를 중심으로 가동해 보겠습니다.

4-1. 독일어 그 시작은 인칭대명사!

'나'와 '너'는 모든 대화의 전제이며 시작입니다.
독일어 문법 첫시간이 인칭대명사인 이유죠.

단수
ich
[이히] 나

du
[두] 너

er / sie / es
[에어] 그 [지] 그녀 [에스] 그것

복수
wir
[비어] 우리

ihr
[이어] 너희

sie / Sie
[지] 그들 / [지] 당신(들)

인칭대명사 중에서도 가장 많이 사용하는 것은 아무래도 '나, 너, 우리' 겠죠?
독일어의 1인칭 '나', **ich** 는 소문자로 씁니다. 영어의 **I** 에 비하면 겸손하죠. ·_·
2인칭은 '너', **du** 와 '너희', **ihr** 그리고 존칭형인 '당신(들)', **Sie** 가 있습니다.
존칭 **Sie** 는 항상 대문자로 씁니다.
3인칭 **es** 는 영어의 **it** 과 같습니다.
보시면 존칭 **Sie** 말고도 **sie** 가 2번씩이나 겹칩니다. (그녀/그들)
'혹시 이것들 헷갈리는 거 아냐?' 하실 수도 있지만
독일어는 스스로 그 해결책을 가지고 있습니다.
동사가 바로 그 해결책을 가지고 있죠.

4-2. 독일대표동사 sein 동사!

영어의 **be** 동사인 독일어의 **sein** 동사를 소개합니다.
영어처럼 인칭별로 모양이 다릅니다. 규칙을 찾을 수 없을 정도로 모양이 제각각이죠.
친숙해지는 방법은 인칭대명사와 세트로 입에 짝짝 붙이는 것입니다.
'주어와 동사가 시간적으로 벌어져 있는 만큼 말이 서툴다!' 는 인상을 줍니다. 흐르듯이 붙여서
말하시고, 주어에 악센트를 두고 동사는 살짝 부드럽게 이어 붙이면 아주 세련되게 들립니다.

Practical, **Useful** and
Easy-To-Understand Lessons!

이히빈, 두비스트, 에어이스트 … 식으로 읽으시면 완전 나이스!

단수
Ich bin ~
[이히 빈] 나는 ~이다

복수
Wir sind ~
[비어 진트] 우리는 ~이다

Du bist ~
[두 비스트] 너는 ~이다

Ihr seid ~
[이어 자이트] 너희는 ~이다

Er (Sie/Es) ist ~
[에어 (지/에스) 이스트] 그(그녀/그것)은 ~이다

Sie (Sie) sind ~
[지 (지) 진트] 그들(당신/들)은 ~이다

(영어의 **be** 동사에서 **be** 가 안 보이는 것처럼, 독일어의 **sein** 동사 역시 현재인칭에서 **sein** 의 모습이 보이지 않습니다. 그렇더라도 동요 없으시길 바랍니다. **be** 동사들은 죄다 왜 저 모양인지?! -_-;)

우리말로 번역하면 인칭대명사(나)가 동사(이다)와 결합하면서 자연스럽게 조사(는)가 붙게 됩니다. 인칭대명사가 문장의 주인장이 되는 순간이죠. 그래서 '주격인칭대명사' 라고도 부릅니다. 자! 이제는 연습이 필요한 시간입니다.

Practical, **Useful** and
Easy-To-Understand Lessons!

(**Korea** [코레아] 한국, **Koreaner** [코레아너] 한국인(들))

Ich bin Gangdduk Stil.
[이히 빈 강뚝 슈틸.] 나는 강뚝 스타일.

Er ist Erich.
[에어 이스트 에리히.] 그는 에리히입니다.

Wir sind Koreaner.
[비어 진트 코레아너.] 우리는 한국인입니다.

전형적인 'A=B' 의 문형입니다.
무엇이든 원하는 것을 동사 다음에 놓으시면 됩니다. 영어는 **I am a Korean.** 식으로 관사를 사용해야 하지만, 독일어는 국가(인)명, 직업 앞에 별도의 관사를 사용하지 않습니다. 쿨하게 말이죠!

4-3. 독일어 의문문은 뒤집기!

독일어는 기본적으로 주어를 맨 앞에 둡니다. '정치(법)' 이라고 하죠.

다음의 위치, 그러니까 문장 성분상 두 번째 자리에는 항상 동사가 옵니다.
혹시라도 강조를 위해 다른 요소가 문두에 오더라도 동사는 요지부동 자기 자리를 지킵니다.
단! 의문문을 만들 때에는 주어와 동사의 위치가 바뀝니다. 이를 '도치(법)' 이라고도 하죠.

(**Koreanerin** [코레아너린] 한국인(여자), **Japan** [야판] 일본, **Japanerin** [야파너린] 일본인(여자), **Amerikaner** [아메리카너] 미국인(남자))

Bist du Koreanerin?

[비스트 두 코레아너린?] 너는 한국인(여자)이니?

Ist sie Japanerin?

[이스트 지 야파너린?] 그녀는 일본인(여자)입니까?

Sind Sie Amerikaner?

[진트 지 아메리카너?] 당신(들)은 미국인입니까?

독일어로 국가와 국민명을 말할 때는 **Korea** (한국), **Koreaner** (한국인-남자), **Koreanerin** (한국인-여자) 식으로 표현됩니다. 남자형에 **-in** 을 붙이면 여자형이 됩니다. 약간씩 예외적인 국가가 있긴 합니다만, 대부분 이와 같은 방식입니다.

우리의 독일어 학습 관점을 '독일 사람의 언어' 라는 지점으로 옮기면,
독어독문학과 졸업자보다 훨씬 더 독일어와 깨알 같은 사랑을 나눌 수 있습니다.
독일어 자체의 작은 이야기들에 관심을 가지고 이해를 쌓는 것,
그것이 우리가 독일어를 배우는 이유이자 독일어에 대한 애정이었으면 좋겠습니다.
한번 사랑을 주면 '맞반응' 이 오는 고딴 언어가 바로 독일어니까요.

Practical, Useful and
Easy-To-Understand Lessons!

4-4. 독일어는 굴절어다!

독일어의 가장 두드러진 특징 중 하나는 '어미가 변화한다!' 입니다.

어형이 주변 요소와의 관계에 따라 변화하는 언어를
굴절어(**inflectional language**)라고 합니다. 독일어가 바로 제대로 굴절어죠.
영어에서 동사가 3인칭단수에 **-(e)s** 가 붙는다거나, 명사의 복수형을 만들 때 **-(e)s** 가 붙거나 하는
등도 일종의 굴절로 볼 수 있지만 독일어의 굴절 정도는 영어와 비교해서 '끝판왕급' 입니다. ·_*
독일어는 굴절의 정도와 체계가 엄청나게 꼼꼼하고 굉장히 체계적입니다. 혹자는 이런 정도의 변
화를 '독일어학습 급포기' 의 결정적 이유라고 외치기도 합니다. 그러나 반대로 변화를 거쳐 모양
이 다르다는 것은 변화의 이유를 분명히 규정해주는 것이기 때문에 오해와 오독의 소지를 확실하
게 줄여 준다는 뜻입니다.

4-5. 독일어 동사는 움직이는 거야!

우리는 **sein** 동사에서 이미 각 인칭 변화의 '끝장' 을 봤습니다.

그렇지만 그것은 지극히 특별한 경우일 뿐이며 독일어 동사의 80% 이상은 규칙적인 변화를 합니
다. 변화의 패턴을 읽으면 독일어 동사의 80%를 이미 손에 쥔다는 것이고, 웬만하면 '변화형태' 를
예상할 수 있다는 얘기가 됩니다.
자! 그러면 '동사변화의 공식' 을 한번 만나볼까요!

독일어의 동사는 거의 대부분 '어간(어근) + 어미(**en**)' 의 형태입니다.
각각의 인칭에 따른 동사의 어미변화는 '어간-어미' 의 형식입니다.
공식은 다음과 같습니다.

단수		복수	
ich	**-e**	**wir**	**-en**
du	**-st**	**ihr**	**-t**
er (sie/es)	**-t**	**sie (Sie)**	**-en**

표를 뜯어보시면 일단 복수1, 3인칭은 원형 그대로의 모습이 되는 것이니까 제외가 됩니다. 그러면 나머지 단수 부분이 핵심이 되겠네요. 익히는 방법은 '-에-에스테-테' 위에서부터 내려오면서 그리고 마지막의 '테' 는 복수2인칭과 동일! 이렇게 기억하시면 되겠습니다. 그러면 **lernen** [레르넨] (배우다) 동사를 가지고 문장을 한번 만들어 볼까요?

(**Deutsch** [도이취] 독일어, **Koreanisch** [코레아니쉬] 한국어, **English** [엥리쉬] 영어)

Ich lerne Deutsch.
[이히 레르네 도이취.]
나는 독일어를 배운다.

Du lernst Deutsch.
[두 레른스트 도이취.]
너는 독일어를 배운다.

Er lernt Koreanisch.
[에어 레른트 코레아니쉬.]
그는 한국어를 배운다.

Wir lernen English.
[비어 레르넨 엥리쉬.]
우리는 영어를 배운다.

Ihr lernt Koreanisch.
[이어 레른트 코레아니쉬.]
너희는 한국어를 배운다.

Sie lernen English.
[지 레르넨 엥리쉬.]
그(당신)들은 영어를 배운다.

(앞으로 예문은 단수3인칭대명사 **Er/Sie/Es** 는 **Er** 만, 복수3인칭대명사 **sie/Sie** 는 **sie** 만 대표로 표기하겠습니다.)

동사변화 방식을 안다는 것은 6개 문장을 바로 만들 수 있다는 얘기입니다.

독일어의 완벽한 문장은 동사의 끄트머리에 달려있습니다.
그래서 독일어 시험문제는 '다음 괄호 안에 적당한 주어를 집어넣어라!' **(　) lernst Deutsch.** 나 '알맞은 어미를 챙겨 넣어라!' **Ich lern(　) Deutsch.** 하는 식이죠.

그런데 지금의 우리에게 이보다 중요한 것은 '어떤 동사가 나오든 간에 인칭에 맞게 변화시켜야 한다.' 라는 인식과 '어미변화' 된 문장이 듣고 읽는 사람에게 이롭게 작용한다는 사실입니다. 외국어를 처음 시작하는 이들에겐 많은 말보다는 짧아도 깔끔하게 정돈된 말이 중요합니다. 아무튼 독일어 동사변화, 그 변화의 재미를 느끼는 것이 중요합니다.

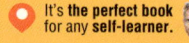 It's **the perfect book**
for any **self-learner.**
 GERMAN

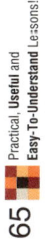

4-6. 독일어 동사를 말하는 느낌!

독일어를 말할 때 '주어 + 동사 ...' 의 어순에서는
주어에 좀 더 강세가 들어갑니다.

동사 자체에서도 일반적으로 강세가 앞부분에 있기 때문에 동사의 어미 부분은 약하게 발음되죠.
또 아울러 이미 '주어' 가 밝혀진 상태에서 '어미' 의 역할은 다한 상태이기 때문에 굳이 동사어미
에 힘주어 읽을 필요도 없고요. 그래서 실제로 '레르넨' 보다는 약간 약화된 '레르넌' 으로 말합니
다. 이런 의식으로 읽고 말할 때, 더욱 더 '독일어스럽게' 들립니다.

규칙적인 변화를 하는 동사, 한 가지 더 만나보고 넘어가겠습니다.
다음의 **arbeit-en** 동사는 어간이 치음(**t**)로 끝나는데요,
어미 **-t, -st** 와 연결될 때는 발음을 부드럽게 하기 위해 **e** 를 삽입해줍니다.
(단수2/3인칭, 복수2인칭의 경우.)

한 번 더 연습해보시면서 '규칙동사 변화' , 종치도록 하겠습니다.

(**arbeiten** [아르바이텐] 일하다, **fleißig** [플라이씨히] 부지런한)

Ich arbeite fleißig.

[이히 아르바이테 플라이씨히.]
나는 부지런히 일한다.

Wir arbeiten fleißig.

[비어 아르바이텐 플라이씨히.]
우리는 부지런히 일한다.

Du arbeitest fleißig.

[두 아르바이테스트 플라이씨히.]
너는 부지런히 일한다.

Ihr arbeitet fleißig.

[이어 아르바이테트 플라이씨히.]
너희는 부지런히 일한다.

Er arbeitet fleißig.

[에어 아르바이테트 플라이씨히.]
그는 부지런히 일한다.

Sie arbeiten fleißig.

[지 아르바이텐 플라이씨히.]
그(당신)들은 부지런히 일한다.

From basic greetings and expressions to grammar and conversations!

LESSON
MUTI*
PLUS*

The best and quickest way
to communicate
in a new language!

04+
Lektion 04. Multi+Plus

드디어 여러분께서 인칭대명사와 동사로
만들어낼 수 있는 독일어 문장들!

'인칭대명사와 동사', 한두 개만 가지고도 말할 수 있는 표현이 엄청나게 많습니다.
아울러 이번 코너는 인칭대명사와 **sein** 동사의 활용 극대화를 노려봤습니다.
'**A=B**' 형태의 금쪽같은 10가지 문장을 만나보겠습니다.
자! 그러면 함께 달려볼까요?

66

Practical, Useful and
Easy-To-Understand Lessons

It's **the perfect book**
for any **self-learner**. GERMAN

4-1+. 독일어에 임하는 우리의 자세

우리는 제04과 본문에서 **Ich lerne Deutsch.** 와 **Ich arbeite fleißig.** 의 인칭별 세트를 함께 봤습니다. 필자는 우리의 생각이 여기서 그치지 말고 두 문장을 믹스 매치시켜 **Ich lerne Deutsch fleißig.** [이히 레르네 도이취 플라이씨히.] (나는 독일어를 열심히 배웁니다.)까지 나아갔으면 좋겠습니다. 레고를 조립하는 것처럼 이렇게 저렇게 맞춰 보는 재미를 느끼면서 독일어와 살가워졌으면 하는 바램입니다.

Ich lerne Deutsch fleißig.

[이히 레르네 도이취 플라이씨히.] 나는 독일어를 열심히 배웁니다.

Lernt er Deutsch fleißig?

[레른트 에어 도이취 플라이씨히?] 그는 독일어를 열심히 배웁니까?

4-2+. '그럼 열심히 안 할 때는?'

부정을 표현할 때는 영어의 **not** 에 해당하는 **nicht** [니히트] (아니다)를 사용합니다. 동사나 형용사, 부사를 부정할 때 사용하죠.

Ich lerne nicht fleißig.

[이히 레르네 니히트 플라이씨히.] 나는 열심히 배우지 않습니다.

Arbeitest du nicht?

[아르바이테스트 두 니히트?] 너 일 안 하니?

Arbeitet er nicht fleißig?

[아르바이테트 에어 니히트 플라이씨히?] 그는 열심히 일하지 않습니까?

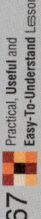
MULTI*PLUS

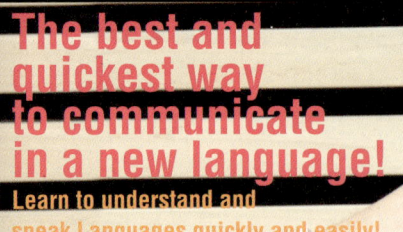

The best and quickest way to communicate in a new language!
Learn to understand and speak Languages quickly and easily!

4-3+. 독일어로 '감정, 상태' 를 말하자!

sein 동사로 '기쁘다, 슬프다…' 등의 감정과 '아프다, 피곤하다' 등의 몸 상태를 다양하게 표현할 수 있습니다. 강조할 때는 영어의 **very** 에 해당하는 **sehr** [제어]를 사용하시면 됩니다.

(**froh** [프로] 기쁜, **satt** [자트] 배부른, **traurig** [트라우리히] 슬픈, **gesund** [게준트] 건강한, **krank** [크랑크] 아픈, **müde** [뮈데] 피곤한, **schläfrig** [슐레프리히] 졸린, **schön** [쉔] 예쁜, **hübsch** [휩쉬] 귀여운)

Ich bin froh.
[이히 빈 프로.] 나는 기쁩니다.

Ich bin satt.
[이히 빈 자트.] 나는 배불러요.

Bist du müde?
[비스트 두 뮈데?] 너 피곤하니?

Ich bin nicht müde.
[이히 빈 니히트 뮈데.] 나 안 피곤해.

Sie ist schön.
[지 이스트 쉔.] 그녀는 예쁩니다.

4-4+. 독일어 생활표현, '그게 저예요!'

정말 자주 쓰는 표현입니다. 영어의 'It's me.' 죠.
그런데 독일어의 경우 영어와 달리 목적격으로 쓰지 않고 주격인칭대명사를 그대로 씁니다. 직역하면 '제가 그것입니다.' 정도이죠. 같은 방식으로 '그것은 누구입니다.' 라고 다양하게 표현할 수 있습니다.

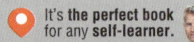

Ich bin es.

[이히 빈 에스.] 저입니다.

Sie ist es.

[지 이스트 에스.] 그녀입니다.

45+. 독일어 생활표현, '네, 갑니다!'

마지막으로 동사활용 한 번 더 연습해 볼까요? 동사 **kommen** [콤멘] (오다)의 인칭변화는 **ich komme, du kommst, er kommt, wir kommen, ihr kommt, sie/Sie kommen** 입니다.

(**ja** [야] 네, **nein** [나인] 아니요, **hierher** [히어헤어] 여기로)

Kommt er hierher?

[콤트 에어 히어헤어?] 그가 여기로 옵니까?

Nein, er kommt nicht.

[나인, 에어 콤트 니히트.] 아니오, 그는 오지 않습니다.

Ja, ich komme.

[야, 이히 콤메.] 네, 나는 옵니다. (네, 나가요.)

누군가 문을 노크했을 때, 나를 불렀을 때 '네, 나가요.' 의 뜻으로 **Ja, ich komme.** 라고 합니다. '오다' 의 뜻이지만, 목적지가 정해진 상태에서는 '가다' 라는 의미로도 사용합니다.

많이 배우는 것보다 배운 구조를 활용하는 것이 중요합니다.
같은 표현이라도 뉘앙스, 표정을 어떻게 짓느냐에 따라 또 다른 표현이 될 수 있습니다.
학습하신 문장 하나하나에 애정을 가지세요.
이런 생각으로 본서와 함께 하시면 여러분의 독일어는 매번 **X**2, **X**3배로 빵빵해질 것입니다.

05.
Lektion 05
정관사 + 명사, 그리고 정관사의 형제들
Ja, solche suche ich.

[야, 졸헤 주헤 이히.] 그래. 난 그런 여자를 찾고 있어.

어느 날 독일어 정관사가 지나가던 영어 정관사에게 한마디 합니다.
'야 The, 그따위로 하고서도 니가 정관사냐?' 영어 정관사는 독일어의 도발에 입도 뻥긋 못했습니다.
왜냐하면 독일어 정관사 16개가 떼로 버티고 서있었기 때문이죠. (쪽수에 눌렸다능... ㅜㅜ)
독일어의 정관사는 명사의 정체를 한눈에 알 수 있게 해줍니다.
영어의 정관사가 **the** 하나로 모든 명사를 감당해야 한다면,
독일어는 자그마치 16개나 포진하여 물샐틈없는 수비력을 과시하는 것이죠. ·_*
그래서 우리는 독일어의 정관사가 궁금합니다.

 ## 5-1. 독일어의 관사, 엄청나게 빵빵하다!

영어를 배우면서 직면하는 애매함 중에 하나가 관사를 '어떻게 사용하느냐?' 입니다.
관사를 쓰느냐 안 쓰느냐가 문제의 요점이죠. 반면 독일어는 '어떤 관사' 를 쓰느냐가 중요합니다.
이렇듯 '어떤 관사' 가 중요한 이유는 독일어의 명사에는 '성수격' (性數格) 이 있기 때문입니다.
독일어의 모든 명사는 '남성, 여성, 중성' 으로 구분되어 있고, '단수, 복수' 로 사용되며 그리고 문장
내에서 격(주격, 소유격, 여격, 목적격)을 나타냅니다.
이렇게 말씀 드리면 '아이고 맙소사! 관사가 무려 16개!!' 를 외칠지도 모르겠습니다만, 중요한 사실
은 이런 관사의 포진이 사용자를 이롭게 하는 철학을 깔고 있다는 것입니다.

 ## 5-2. 독일어 관사에 대한 단상!

독일어 학습에 가장 번거롭다는(또는 귀찮다는), 아니 가장 신경을 써야하는 3가지 중에 하나가 바
로 '관사' 입니다. 어쩌면 독일어 학습에 가장 특징적인 부분이라고 할 수 있습니다.
기존의 문법서들이 품사별로 중요도의 경중 없이 드라이하게 설명하고 있습니다만, 관사와 명사는
독일어에 있어 매우 중요한 부분이기 때문에 관사와 명사의 체계를 이해하시면 문법의 상당 부분
이 해결될 수 있습니다. 단순히 외우기보다는 구조를 파악하는 것, 시스템을 이해하는 것이 독일어
와 진심으로 친해질 수 있는 방법입니다.

 ## 5-3. 독일어 명사의 '성정체성'

독일어의 모든 명사는 '남성, 여성, 중성' 으로 나뉘어 있습니다.
성을 구별해 놓은 특별한 법칙이 따로 있진 않습니다만, 그럼에도 불구하고 참고할 만한 구별법은
있습니다. 일단 '자연성' 을 따릅니다. 그러니까 아빠는 '남성' , 엄마는 '여성' 그리고 '수탉, 암소,
암캐' 처럼 자연스럽게 성이 구분되는 것들도 있고요. 완벽한 구별법이 존재하는 것이 아니기 때문
에 명사는 볼 때마다 성과 뜻을 함께 외우는 것이 제일 좋습니다.
(구별에 도움이 될 만한 팁 : 덩치가 큰 동물은 주로 남성명사이고요. 계절, 월, 요일 등은 모두 남성
명사입니다. 그리고 어미가 **-heit**, **-keit**, **-ung**, **-tion** 등으로 끝나면 여성명사, **-e** 로 끝나면 거의 대
부분이 여성명사입니다.)
정관사는 남성 **der**, 여성 **die**, 중성 **das** 입니다.

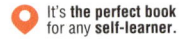
  GERMAN

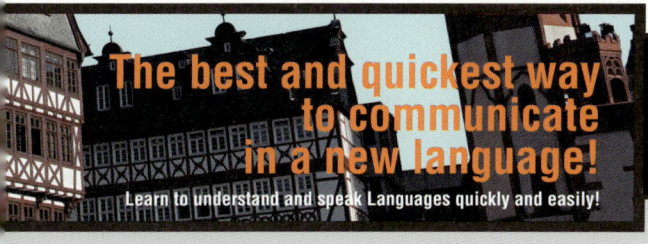

der Vater

[데어 파터] 아버지

der Sohn

[데어 존] 아들

der Wagen

[데어 봐겐] 자동차

die Mutter

[디 무터] 어머니

die Tochter

[디 토흐터] 딸

die Arbeit

[디 아르바이트] 일

das Kind

[다스 킨트] 아이

das Buch

[다스 부흐] 책

das Zimmer

[다스 침머] 방

(꼼수입니다만, 분포 상으로 전체 명사 중에서 중성명사는 겨우 10%에 불과합니다.
명사의 성을 잘 모르겠다 싶으시면 일단 남성명사로 취급하시는 게 확률 상으로 짭짤합니다. ㅋㅋ)

(명사에 대해서는 다음 과에서 조금 더 깊이 살펴보겠습니다.)
(이후부터 새로 나오는 명사는 정관사를 함께 '단어정리' 하여 드리겠습니다.)

5-4. 독일어의 품 '격'

이번에는 독일어 명사의 '성수격' 중에서 격(格)에 대해서 이야기 나눠보겠습니다.
('수' 는 영어에서처럼 단수/복수형을 말하는 것이기 때문에 일단 패스하겠습니다!)
독일어에는 4개의 격이 있습니다. 각각 '주격(1격), 소유격(2격), 여격(3격), 목적격(4격)' 이라고 하는데요, 우리가 알고 있는 주어의 '주격' 이나 목적어의 '목적격' 외에 소유를 나타내는 '소유격' 과, '~에게' 할 때의 '여격' 이 있습니다.
독일어는 문장 안에서 명사가 어떤 역할을 하는지 관사를 통해 정확하게 표시됩니다.
정확한 관사를 통해 무결점 문장을 만들자는 것이 독일인의 속셈인 것이죠.

주격	(1격)	**Nominativ**	(~은/는/이/가)
소유격	(2격)	**Genitiv**	(~의)
여격	(3격)	**Dativ**	(~에게)
목적격	(4격)	**Akkusativ**	(~을/를)

5-5. 독일어 정관사의 얼굴, 따져보기!

자! 그러면 독일어 정관사의 얼굴들을 살펴보겠습니다.
어떤 관사를 사용할 것인가를 정관사표에서 따져보시면 됩니다.

(다음의 **정관사표**를 3분 정도 째려봐주십쇼~!)

	남성	단수 여성	중성	복수
주격 (1격)	der	die	das	die
소유격 (2격)	des	der	des	der
여격 (3격)	dem	der	dem	den
목적격 (4격)	den	die	das	die

쉽게 암기하는 방법이 있습니다!
먼저 남성 정관사부터 위에서 아래로 '데어-데스-뎀-덴', 여성 '디-데어-데어-디', 중성 '다스-데스-뎀-다스', 복수는 공통으로 '디-데어-덴-디'! 이렇게 '랩' 처럼 외우시는 고전적인 방법이 있습니다.
(정관사표는 전국 대학교 독어독문학과의 구호로도 사용됩니다. ㅋ)

또는 여성, 중성, 복수 정관사는 각각 1격과 4격이 같다는 점과, 남성과 중성 정관사의 2격과 3격이 같다는 점, 그리고 여성 정관사는 2격과 3격이 같다는 점을 그림으로 기억하시는 것도 효과적인 방법입니다.

5-6. 독일어 정관사의 깨알 같은 재미!

정관사표를 대조하여 다음의 문장을 한번 분석해 보실까요?

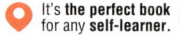 

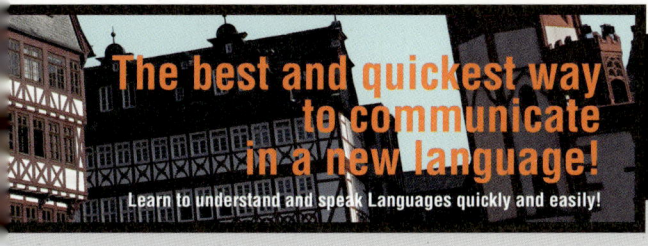

Der Mann sendet der Frau den Brief.

정관사표만 알면 단어 뜻을 모른다고 해도 문장의 내용을 유추할 수 있습니다.

기본적으로 문두에 위치하는 '주어'의 정관사가 **der** 입니다. 주격(1격)에서 **der** 인 경우는 명사가 남성명사라는 뜻입니다. **sendet** 는 동사의 원형이 **senden** 일 것이고, 어미 **-en** 을 빼면 **send**, 영어의 **send** 를 유추해 볼 수 있겠죠. '~에게 ~을 보내다' 라는 뜻의 대표적인 수여동사입니다. 결국 다음에 나올 성분들은 간접목적어(3격)와 직접목적어(4격)가 쪼르륵 딸려 나올 것으로 예상할 수 있습니다. 3격으로 사용된 **Frau** 는 정관사가 **der** 이니까 여성명사라는 것을 알 수 있고, 4격인 **den Brief** 는 남성명사임을 확인할 수 있습니다.

이렇게 딱 떨어지게 분석이 되신다면, 그리고 좀 더 나아가서 '독일어의 정관사가 요런 깨알 재미가 있구나!' 라고 느끼신다면 완전 대성공입니다.

무작정 표를 외우기보다는 따져보고 뜯어보면서 느낄 수 있는 재미를 챙겨주십시오.

바로 이런 쾌감이 반복되면서 독일어 문법의 궤가 자연스레 관통될 것입니다.

같은 방식으로 다음의 예문을 조곤조곤 따져봐 주십시오.

(**der Mann** [만] 남자, **senden** [젠덴] 보내다, **die Frau** [프라우] 여자, **der Brief** [브리프] 편지, **der Sohn** [존] 아들, **bringen** [브링엔] 가져오다, **der Vater** [파터] 아버지, **die Post** [포스트] 우편물, **die Mutter** [무터] 어머니, **kaufen** [카우펜] 사다, **das Kind** [킨트] 아이, **das Kleid** [클라이트] 옷)

Der Mann sendet der Frau den Brief.

[데어 만 젠데트 데어 프라우 덴 브리프.]
(그 남자는 그 여인에게 그 편지를 보낸다.)
남자는 여인에게 편지를 보낸다.

Der Sohn bringt dem Vater die Post.

[데어 존 브링트 뎀 파터 디 포스트.]
아들이 아버지에게 우편물을 가져다줍니다.

Die Mutter kauft dem Kind das Kleid.

[디 무터 카우프트 뎀 킨트 다스 클라이트.]
어머니가 아이에게 옷을 사줍니다.

5-7. 정관사의 친구들, 정관사류!

'정관사류' 라는 것이 있습니다. 정관사와 같은 부류라는 뜻으로, 정관사와 같은 방식으로 격변화를 하는 지시대명사, 의문사 등을 통칭합니다. **dieser** (이), **jener** (저), **welcher** (어떤), **solcher** (그런), **mancher** (많은), **jeder** (각각의), **aller** (모든) 등이 이에 해당합니다. 정관사 **der** 처럼 모두 **-er** 로 끝나고 있죠. 정관사표와 아래의 표를 비교해 보시면 정관사의 끝부분이 그대로 옮겨와 붙는다는 것을 알 수 있습니다. 정확하게 같은 시스템이라는 것이죠. 새로 또 외워야 할 것들이 아니고, 정관사 변화방식을 알면 자동적으로 해결됩니다.

	단수			복수
	남성	여성	중성	
주격 (1격)	dieser	diese	dieses	diese
소유격 (2격)	dieses	dieser	dieses	dieser
여격 (3격)	diesem	dieser	diesem	diesen
목적격 (4격)	diesen	diese	dieses	diese

참고적으로 가장 많이 사용하는 격은 1격〉4격〉3격 순입니다. 2격은 사용이 제한적이며 소유표현은 별도의 소유대명사를 사용합니다.

(**kaufen** [카우펜] 사다, **das Buch** [부흐] 책, **und** [운트] 그리고, **die Tasche** [타쉐] 가방, **der Wein** [봐인] 와인, **sehr** [제어] 매우, **süß** [쥐쓰] 달콤한, **die Liebe** [리베] 사랑, **dauern** [다우어른] 지속하다, **lang** [랑] 긴, **der Anfang** [안팡] 시작, **schwer** [슈붸어] 어려운)

Ich kaufe dieses Buch und sie kauft jene Tasche.

[이히 카우페 디제스 부흐 운트 지 카우프트 예네 타쉐.]
나는 이 책을 사고 그녀는 저 가방을 산다.

Dieser Wein ist sehr süß.

[디저 봐인 이스트 제어 쥐쓰.] 이 와인은 매우 달콤합니다.

Solche Liebe dauert nicht lang.

[졸헤 리베 다우어트 니히트 랑.] 그런 사랑은 오래 못 가.

Aller Anfang ist schwer.

[알러 안팡 이스트 슈붸어.] 모든 시작은 어렵다. (격언 : 시작이 반이다.)

 ## 5-8. 관사(류)의 단독 플레이!

모든 관사(류)는 독립적으로도 사용할 수 있습니다.
정관사, 부정관사 모두 문맥상으로 내용을 알 수 있다면 관사 다음의 명사를 생략하고 독립적으로
사용할 수 있습니다.

(kommen [콤멘] 오다, noch [노흐] 아직, kennen [켄넨] 알다, suchen [주헨] 찾다)

Die Frau kommt noch nicht.
Die kommt noch nicht.
Sie kommt noch nicht.
[디 프라우/디/지 콤트 노흐 니히트.]
그 여자(그녀)는 아직 오지 않는다.

예를 들어 첫 번째 문장의 **Die Frau** (그 여자)는 **Die** 로 생략하여 말할 수 있고, 더 나아가서 인칭대
명사 **sie** (그녀)로도 바꾸어 쓸 수 있습니다. 문맥상으로 이해가 가능하기 때문이죠.

Diesen Mann kenne ich nicht.
Diesen kenne ich nicht.
[디젠 만/디젠 켄네 이히 니히트.]
이 남자를 나는 모릅니다.

위와 같이 목적어가 앞으로 배치된 경우는 강조의 뜻이 담겨 있습니다. '이런 남자 난 몰라.' 정도
의 뉘앙스라고 생각하시면 됩니다. (die Kleidung [클라이둥] 옷)

Suchst du solche Kleidung?
[주호스트 두 졸헤 클라이둥?]
너 그런 옷을 찾고 있니?

Ja, solche suche ich.
[야, 졸헤 주헤 이히.]
그래. 그런 것을 난 찾고 있어.

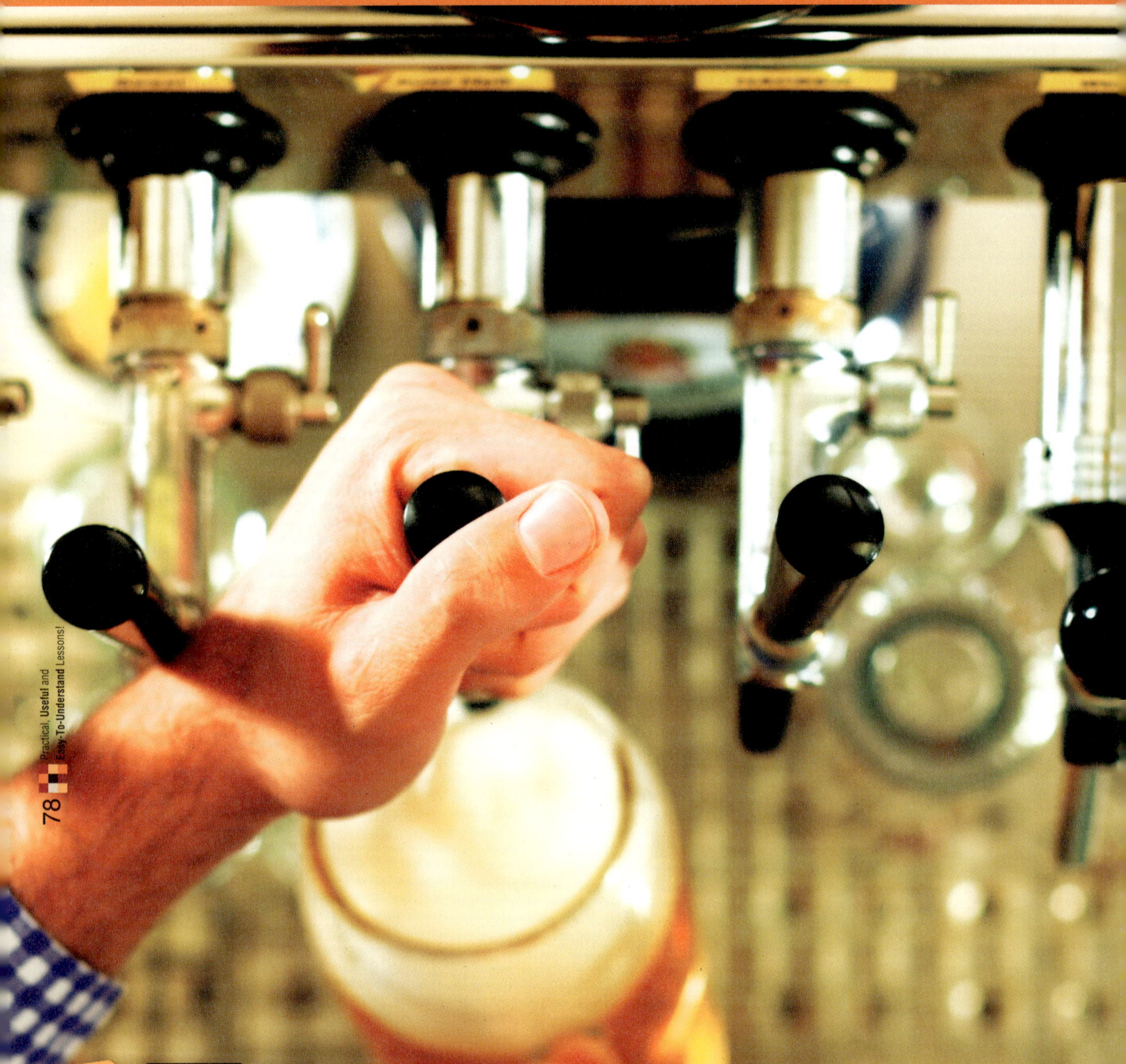

05+
Lektion 05. Multi+Plus
독일어 정관사류와 조금 더 친해지기!

'독일어 정관사표'만 보고 지레 기겁해서 교실 창문 밖으로 뛰어내렸다는 어떤 학생.
(아마, 2층이었다죠. ·_ㅜ)
무턱대고 외울 생각이었다면 부담이 목을 졸랐을 테지만,
관사표가 나를 어떻게 이롭게 하는 것인지 찬찬히 따져보았다면 상황은 180도로 달랐을 것입니다.
그리고 무엇보다도 이런 이해가 독일어 전체 문법학습에 있어서
얼마나 중요한 고비였는지도 금방 느낄 수 있을 것이고요.
자! 그런 의미에서 정관사(류) 조금 더 달궈볼까요?

LESSON
MUTI*
PLUS*
The best and quickest way
to communicate
in a new language!

5-1+. 독일어 정관사와 생활표현!

정관사를 익히셨다면 다음의 문장에서 명사의 성과 격이 얼마나 깔끔하게 똑 떨어지는지 확인하실 수 있습니다.

(der Lehrer [레러] 교사, beginnen [베긴넨] 시작하다, der Unterricht [운터리히트] 수업, schenken [쉥켄] 선사하다, die Schülerin [쉴러린] 여학생, das Buch [부흐] 책, öffnen [외프넨] 열다, die Professorin [프로페쏘린] 여교수, kennen [켄넨] 알다, der Kunde [쿤데] 고객, kaufen [카우펜] 사다, das Auto [아우토] 자동차)

Der Lehrer beginnt den Unterricht.
[데어 레러 베긴트 덴 운터리히트.]
선생님은 수업을 시작합니다.

Der Lehrer schenkt der Schülerin das Buch.
[데어 레러 쉥크트 데어 쉴러린 다스 부흐.]
선생님은 여학생에게 책을 선사합니다.

Der Schüler öffnet das Buch.
[데어 쉴러 외프네트 다스 부흐.]
학생은 책을 펼칩니다.

Die Professorin kennt den Schüler nicht.
[디 프로페쏘린 켄트 덴 쉴러 니히트.]
여교수님은 그 학생을 모릅니다.

Der Kunde kauft das Auto.
[데어 쿤데 카우프트 다스 아우토.]
손님이 자동차를 구매합니다.

Practical, Useful and Easy-To-Understand _essons!

The best and quickest way
to communicate
in a new language!
Learn to understand and speak Languages
quickly and easily!

5-2+. 독일제 **have** 동사, **haben** 생활표현!

이번에는 독일어 동사 바닥의 강력한 2인자, **haben** [하벤] (가지고 있다) (영어의 **have** 동사)를 소개합니다. 대표적인 타동사로 목적어(4격)를 필요로 하는 동사입니다.
변화 형태는 단수 2인칭 **du hast ~**, 3인칭 **er hat ~** 만 빼고 나머지 모두는 규칙적인 변화입니다.

단수
ich habe ~
[이히 하베] 나는 ~ 가지고 있다

du hast ~
[두 하스트] 너는 ~ 가지고 있다

er hat ~
[에어 하트] 그는 ~ 가지고 있다

복수
wir haben ~
[비어 하벤] 우리는 ~ 가지고 있다

ihr habt ~
[이어 합트] 너희는 ~ 가지고 있다

sie (Sie) haben ~
[지 (지) 하벤] 그(당신)들은 ~ 가지고 있다

'하벤' 동사와 만나고 나면 완성할 수 있는 문장이 폭발적으로 늘어납니다.
다음은 4격 목적어를 활용한 표현들입니다.

(**das Handy** [핸디] 핸드폰, **der Wagen** [봐겐] 자동차, **auch** [아우흐] 역시)

Ich habe das Handy.
[이히 하베 다스 핸디.]
나는 그 핸드폰을 가지고 있습니다.

Hast du das Buch?
[하스트 두 다스 부흐?]
너 그 책 가지고 있니?

Er hat den Wagen auch.
[에어 하트 덴 봐겐 아우흐.]
그도 또한 그 차를 가지고 있습니다.

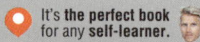

다음은 굳이 관사가 필요 없는 '하벤' 동사의 생활표현들입니다.
셀 수 없거나 추상명사의 경우엔 굳이 관사를 붙이지 않습니다.

(**der Hunger** [훙어] 배고픔, **das Fieber** [피버] 열, **die Zeit** [차이트] 시간, **recht** [레히트] 옳은, **das Glück** [글뤽] 행운, **das Pech** [페히] 불운)

Ich habe Hunger.

[이히 하베 훙어.]
나 배고파요.

Ich habe Fieber.

[이히 하베 피버.]
나 열나요.

Hast du Zeit?

[하스트 두 차이트?]
너 시간 있니?

Sie haben recht.

[지 하벤 레히트.]
당신이 옳아요.

Sie haben Glück.

[지 하벤 글뤽.]
당신은 행운을 가지셨네요. (운이 좋으시네요.)

Ich habe Pech.

[이히 하베 페히.]
나는 불운을 가졌다. (운이 없다.)

Mein Name ist Maximilian.

06.

Lektion 06
부정관사 + 명사, 그리고 부정관사의 자매들
Mein Name ist Maximilian.
내 이름은 막시밀리안입니다.

It's the perfect book for any self-learner. GERMAN

영어의 부정관사는 딱 하나입니다.
a 또는 **an** 으로 나뉘는 것도 순전히 뒤따르는 명사와의 발음과 관련된 것이지 문법적인 것은 아니죠.
그런데 독일어는 완전 다릅니다. 후속하는 명사의 '성격' (性格)에 따라 모두 12가지가 버티고 있으니까요.
그렇다고 염려하실 필요는 없습니다. 친해지는 건 잠깐이면 되니까요. ·_·
독일어 부정관사가 여러분을 어떻게 기쁘게 해드릴 수 있는지 지금부터 살펴보겠습니다.

6-1. 독일어의 부정관사, 역시 빵빵하다!

부정관사는 '불특정한 내용의 명사' 앞에 사용하여, '어떤' 또는 '하나의' 뜻으로 사용합니다.
관사는 유럽어의 특징적인 어법인데요, 독일어는 특히나 잘 발달되어 있죠.
독일어 정관사가 그렇듯이 부정관사도 다음에 오는 명사의 성격(性格)에 맞춰 사용하면 됩니다.
'남성, 여성, 중성'의 부정관사는 **ein**, **eine**, **ein** 입니다.
다음의 표를 쫀쫀하게 한번 따져볼까요?

(부정관사 표를 2분 정도만 뚫어지게 봐주세요~!)

주격	(1격)	**Nominativ**	(~은/는/이/가)
소유격	(2격)	**Genitiv**	(~의)
여격	(3격)	**Dativ**	(~에게)
목적격	(4격)	**Akkusativ**	(~을/를)

	남성	단수 여성	중성
주격 (1격)	**ein**	**eine**	**ein**
소유격 (2격)	**eines**	**einer**	**eines**
여격 (3격)	**einem**	**einer**	**einem**
목적격 (4격)	**einen**	**eine**	**ein**

눈에 익히는 방법은 일단 공통되는 것을 찾는 것입니다.
그러니까 '여성, 중성의 1, 4격은 각각 같은 모양이며, 남성 2, 3격은 중성과 같다!' 라는 식으로 위치
를 기억하면 활용하기가 수월합니다.

ein Vater
[아인 파터] 아버지

eine Mutter
[아이네 무터] 어머니

ein Kind
[아인 킨트] 아이

ein Wagen
[아인 봐겐] 자동차

eine Arbeit
[아이네 아르바이트] 일

ein Buch
[아인 부흐] 책

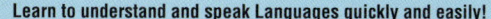
자! 그러면 문장을 통해 살펴볼까요?

(**der Sohn** [존] 아들, **nur** [누어] 오직, **die Tochter** [토흐터] 딸, **die Tasche** [타쉐] 지갑/가방)

Ich habe einen Sohn.
나는 아들이 하나 있습니다.

Sie hat nur eine Tochter.
그녀는 외동딸이 있습니다.

Das ist eine Tasche.
그것은 지갑이다.

 ## 6-2. 부정관사의 친구들, 부정관사류

'부정관사' 를 알면 막강한 화력의 '부정관사류' 가 덤으로 해결됩니다.
예를 들면 대표적인 것 중에 하나가 '소유대명사' 입니다.
영어의 **my**, **your**, **his**, **her**, **its**... 와 같은 것이죠. 독일어의 소유대명사는 다음과 같습니다.

mein (나의), **dein** (너의)
sein (그의), **ihr** (그녀의), **sein** (그것의)
unser (우리의), **euer** (너희의), **ihr** (그들의), **Ihr** (당신(들)의)

mein [마인], **dein** [다인], **sein** [자인]의 끝부분을 보면 부정관사 **ein** 이라서,
얘네들이 **ein** 과 같은 속성이라는 것이 곧바로 예상됩니다.
그래서 부정관사류인 이유죠. 부정관사의 변화방식을 알면 아주 간단하게 해결됩니다.

mein 을 예로 들어서 정리해보겠습니다.

	단수			복수
	남성	여성	중성	
주격 (1격)	**mein**	**meine**	**mein**	**meine**
소유격 (2격)	**meines**	**meiner**	**meines**	**meiner**
여격 (3격)	**meinem**	**meiner**	**meinem**	**meinen**
목적격 (4격)	**meinen**	**meine**	**mein**	**meine**

주목하실 부분은 부정관사에는 없었던 복수형이 존재한다는 것입니다.
복수형의 변화는 정관사의 변화를 그대로 따랐습니다. **die-der-den-die**.
같은 방식으로 **dein** 도 변화시켜 보시고, **sein** 도 변화시켜 보시면 좋겠습니다.

외우지 마시고 시스템을 이해해 주시고, 필요할 때 표를 참고하시거나 머릿속에 이미지로 표를 기억하시는 것이 초급 학습자에겐 좋습니다. 습관이 붙으려면 시간이 필요하기 때문이죠.

(**der Name** [나메] 이름, **der Onkel** [옹켈] 삼촌/아저씨, **schreiben** [슈라이벤] 쓰다, **die Tante** [탄테] 아주머니/이모/고모, **die Email** [이메일] 이메일, **der Lehrer** [레러] 교사, **kaufen** [카우펜] 사다, **der Sohn** [존] 아들, **das Fahrrad** [파라트] 자전거, **der Bruder** [브루더] 형/남동생, **die Freundin** [프로인딘] 여자친구)

Mein Name ist Maria.
나의 이름은 마리아입니다.

Sein Onkel schreibt deiner Tante eine E-Mail.
그의 삼촌은 너의 이모에게 메일을 씁니다.

Ihr Lehrer kauft seinem Sohn ein Fahrrad.
그녀의 선생님은 자신의 아들에게 자전거를 사줍니다.

Sein Bruder hat eine Freundin.
그의 형은 여친이 있습니다.

예문을 보실 때는 먼저 명사의 성을 확인하고, 그리고 문장에서의 역할(주어, 목적어 등)을 따져 부정관사류가 제대로 조합되었는지를 확인하시면 됩니다.

 ## 6-3. '아님'을 말할 땐 부정관사(否定冠詞)

부정관사를 알면 거의 자동적으로 해결되는 유용한 문법들이 상당히 많습니다.
'아님'을 나타내는 부정관사(否定冠詞)가 그렇죠.
명사를 부정할 때 쓰는데요, 남성 **kein**, 여성 **keine**, 중성 **kein** 으로 역시 **ein** 과 똑 닮았습니다.
일상적으로 꽤나 자주 사용하죠.

예문을 비교해서 보시면 이해가 쉽습니다.

(**die Uhr** [우어] 시계, **essen** [에쎈] 먹다, **das Fleisch** [플라이쉬] 육고기, **der Fisch** [피쉬] 생선, **der Freund** [프로인트] 친구/남친, **das Geld** [겔트] 돈)

Das ist eine Uhr.
그것은 시계입니다.

Das ist keine Uhr.
그것은 시계가 아닙니다.

Ich esse kein Fleisch und keinen Fisch.
나는 고기와 생선을 먹지 않습니다.

Mein Freund hat kein Geld.
내 친구는 돈이 없습니다.

 ## 6-4. 독일어 인칭대명사, 다양하다!

앞에서 살짝 만났던 인칭대명사의 나머지 형태들을 만나보겠습니다.

영어의 인칭대명사는 **me**, **him**, **her** ... 식으로 직접목적격 형태만 있다면 독일어는 **mir - mich**, **ihm - ihn** ... 하는 식으로 '3격(~에게) - 4격(~를)' 이 따로 있습니다. 그래서 영어에서는 **to me** 할 것을 독일어에서는 **mir** 한 단어로 해결할 수 있습니다. 독일어 인칭대명사의 특징이죠.
(2격은 거의 사용되지 않는 관계로 생략합니다.)

Practical, **Useful** and
Easy-To-Understand L**essons!**

독일어 인칭대명사

단수	1인칭 나	2인칭 너	3인칭 그/그녀/그것		
주격 (1격) (~은/는/이/가)	ich	du	er	sie	es
여격 (3격) (~에게)	mir	dir	ihm	ihr	ihm
목적격 (4격) (~을/를)	mich	dich	ihn	sie	es
복수	1인칭 우리	2인칭 너희들	3인칭 그들(당신/당신들)		
주격(1격) (~은/는/이/가)	wir	ihr	sie (Sie)		
여격(3격) (~에게)	uns	euch	ihnen (Ihnen)		
목적격 (4격) (~을/를)	uns	euch	sie (Sie)		

모양을 기억해주십시오. 친해져야 써먹을 수 있습니다. ^__^

(lieben [리벤] 사랑하다, aber [아버] 그러나, antworten [안트보르텐] 대답하다, nicht [니히트] 아니다,
geben [게벤] 주다, die Schülerin [쉴러린] 여학생, das Buch [부흐] 책)

Ich liebe dich aber du liebst sie.
나는 너를 사랑하는데 너는 그녀를 사랑한다. (여기서 '나'는 남자. ·_·?)

Sie antwortet ihm nicht.
그녀는 그에게 대답하지 않습니다.

Ich gebe der Schülerin das Buch.
= Ich gebe es ihr.

나는 그것(책)을 그녀(여학생)에게 줍니다.

참고하실 점은 일반적인 어순은 '3격 + 4격' 입니다만, 3격과 4격 인칭대명사가 나란히 나올 경우엔 '4격 + 3격' 의 순서가 되어야 합니다.

독일어는 명사가 성을 가지고 있기 때문에 인칭대명사로 바꾸어 쓸 수가 있습니다.
앞에서 배우신 문장들을 인칭대명사로 한번 바꿔 써보시는 것도 좋은 연습 방법이 될 것입니다.

 ## 6-5. 독일인은 딱딱 들어맞는 걸 좋아해!

강한 나라 독일은 독일인의 '강박적 정확성' 으로 만들어졌습니다.

독일인들은 원칙대로 정확하게 진행되지 않으면 심하게 불편함을 느끼고, 이는 곧 불안함으로 이어집니다. 규율과 질서, 협약과 약속의 준수가 일상화되고 상식으로 몸에 배면서 독일인의 '콧대와 얄짤 없음' 으로 드러납니다. 그것이 기계제품이든 인간관계든 정확하게 이루어져야 정상이라고 생각하죠. 이런 독특한 국민성과 독일어 관사의 촘촘한 시스템을 연결해서 생각하면 일면 고개가 끄덕여지기도 합니다.

 필자는 학습자 여러분께서 독일과 독일인의 특성을 조금씩 더 이해하며 나아간다면
독일어가 얼마나 논리적인 시스템의 언어인지 느끼게 되실 것 같습니다.
독일어는 그야말로 '딱딱 떨어지는 맛' 을 느낄 수 있습니다.
바로 이런 부분들이 독일어 학습의 쏠쏠한 즐거움이 되길 기대합니다.

From basic greetings and expressions to grammar and conversations!

LESSON MUTI* PLUS*

The best and quickest way to communicate in a new language!

06+
Lektion 06. Multi+Plus
독일어 관사류, 이제 종칩시다!

관사(류)를 알면 가능한 표현이 엄청 많아집니다.
이번 코너에서는 교재에서 소개하고 있는 표현 이외에 여러분께서 필요로 할 다양한 표현을
힘차게 만들어 보겠습니다.

It's the perfect book
for any self-learner. GERMAN

6-1+. 독일어 관사를 그대 품 안에!

정관사와 부정관사에 대한 이해를 다시 한 번 요약해 보겠습니다.

(essen [에쎈] 먹다, der Apfel [앞펠] 사과, die Birne [비르네] 배, die Weinbeere / Traube [바인베레/트라우베] 포도, die Erdbeere [에르트베레] 딸기)

Ich esse einen Apfel.
나는 사과를 먹습니다.

Ich esse den Apfel nicht.
나는 그 사과를 먹지 않습니다.

Ich esse keinen Apfel.
나는 사과를 먹지 않습니다.

'사과 자체'를 먹지 않는 것과 '그 사과'를 먹지 않는 것의 차이를 이해하시면 됩니다.

6-2+. 독일어 생활회화, '이름이 뭐예요?'

이름은 두 가지 방식으로 묻고 답할 수 있습니다.
이름을 말할 때 부정관사류인 소유대명사를 활용합니다.

(wie [뷔] 어떻게, der Name [나메] 이름, heißen [하이쎈] 부르다)

Wie ist Ihr Name?
당신의 이름은 어떻게 되세요? (당신의 이름은 무엇입니까?)

Mein Name ist Kim.
저의 이름은 김입니다.

Practical, Useful and
Easy-To-Understand Lessons!

91

The best and quickest way to communicate in a new language!

Learn to understand and speak Languages quickly and easily!

Wie heißen Sie?

당신은 어떻게 부릅니까? (당신의 이름은 무엇입니까?)

Ich heiße Kim.

저는 김이라고 합니다.

Und Sie?

그러면 당신은요?

이름을 말할 때 간단히 줄여서 **Kim.** [킴.] (김입니다.)라고 해도 됩니다.

6-3+. 독일인 이름 베스트 10!

가장 흔한 독일사람 이름 베스트 10을 준비했습니다.
독일은 해마다 신생아의 이름을 통계 내어 가장 많이 사용된 이름 베스트를 발표하는데요,
대표적인 스테디 베스트 독일사람 이름을 정리해 봤습니다.
이름하여 **Top 10 German First Names!**
그러니까 흔하디흔한 독일 이름, 되시겠습니다. ·_·;

남자 이름

1. **Alexander** [알렉산더]

2. **Maximilian** [막시밀리안]

3. **Niklas** [니클라스]

4. **Daniel** [다니엘]

5. **Jan** [얀]

여자 이름

1. **Marie** [마리]

2. **Sophie** [조피]

3. **Anna** [안나]

4. **Julia** [율리아]

5. **Katharina** [카타리나]

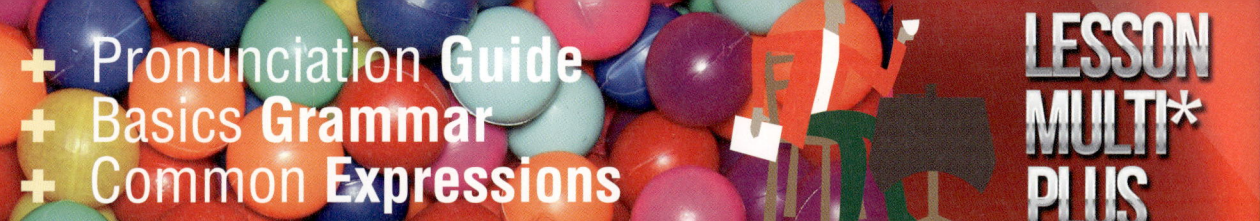
6-4+. 독일어 생활회화, '네, 아니오' 대답하는 방법!

'네', '아니오.' 정확하게 답하지 않으면 곤란합니다.
그런데 우리가 헷갈려하는 부분이 바로 부정문으로 물었을 때 대답하는 방법입니다.
부정문으로 물었을 때, 부정할 때는 '아니오', 긍정일 때는 '천만에요' **Doch** [도희]를 사용하셔야
합니다. 예를 들면 '너 여친 없지?' 라고 물었을 때, '아니, 나 여친 없어.', '천만에, 나 여친 있어.'
로 대답하는 식이죠.

Haben Sie ein Kind?
당신은 아이가 있습니까?

Ja, ich habe ein Kind.
네, 저는 아이가 하나 있습니다.

Nein, ich habe kein Kind.
아니오, 저는 아이가 없습니다.

Haben Sie kein Kind?
당신은 아이가 없습니까?

Nein, ich habe kein Kind.
아니오, 저는 아이가 없습니다.

Doch, ich habe ein Kind.
천만에요, 저는 아이가 하나 있습니다.

93 Practical, Useful and Easy-To-Understand Lessons!

Lektion
07
Hast du
die Adresse
des Mannes?

It's the perfect book for any self-learner.

Practical, **Useful** and
Easy-To-Understand Lessons!

DEM DE

07.
Lektion 07
독일어 명사의 복수와 톡 튀는 동사들! 명사(2)와 동사(2)
Hast du die Adresse des Mannes?
너 그 남자의 주소 있니?

 It's **the perfect book**
for any **self-learner.** GERMAN

제05과, 06과가 '관사'를 중심으로 정리했다면 이번 과는 명사를 중심으로 이야기해 보겠습니다.
'관사(류) + 명사(단수/복수)'에 대한 체계를 파악하고, 사용례를 이해하는 것만으로도 독일어의
핵심개념 중 1/3은 해결되었다고 보셔도 됩니다. 그만큼 독일어의 특징적인 부분이라고 할 수 있죠.
아울러 불규칙적으로 변화하는 동사들 중 일상에서 굉장히 자주 사용하는 녀석들을 소개해 드리겠습니다.

7-1. 독일인의 광적 완벽주의!

독일 사람들은 프랑스나 이탈리아의 '장인'에 대해 고개를 갸웃합니다.

마치 '니가?? 왜에??'라는 표정을 지으면서 말이죠. 독일식 도제교육과 장인의 숙련도, 기술력의 완벽성에 있어서 독일이 객관적으로 한 수 위라고 생각합니다. 정밀기계에서 소시지 그리고 가정의 하수도 배관에 이르기까지 다른 누가 더 이상 손을 댈 수 없을 경지로 만들어놔야 스스로 인정하는 게 독일스타일이라는 거죠.

 ## 7-2. '정관사 + 명사'의 완벽 하모니!

독일어의 관사와 명사는 스스로 서로의 존재를 완벽하게 증명하려 합니다.
그래서 이번에는 명사를 중심으로 '관사 + 명사'에 대해 살펴보려 합니다.
관사와 명사를 결합하여 사용하실 때, 명사의 관점에서 유의하셔야 할 점이 있습니다.
이를 위해 다음의 표를 관찰해보겠습니다.

(우리의 목표는 표를 외우는 것이 아니라, 독일어 '관사 + 명사' 시스템의 인간적인 이해입니다!
부담 갖지 마시고 이해를 위한 시도만 해주시면 되겠습니다. ·_·**V**)

(**der Vater** [파터] 아버지, **die Stadt** [슈타트] 도시, **das Bild** [빌트] 그림)

	남성	단수 여성	중성
주격 (1격)	**der Vater**	**die Stadt**	**das Bild**
소유격 (2격)	**des Vaters**	**der Stadt**	**des Bildes**
여격 (3격)	**dem Vater**	**der Stadt**	**dem Bild**
목적격 (4격)	**den Vater**	**die Stadt**	**das Bild**

		복수	
	남성	여성	중성
주격 (1격)	**die Väter**	**Städte**	**Bilder**
소유격 (2격)	**der Väter**	**Städte**	**Bilder**
여격 (3격)	**den Vätern**	**Städten**	**Bildern**
목적격 (4격)	**die Väter**	**Städte**	**Bilder**

표를 잘 보면 눈에 띄는 부분이 있습니다. 우리가 주의해야 할 부분이죠.
이제 여러분께 이 표에 대해 드릴 해설은 '정관사류, 부정관사(류)의 경우에도 모두 적용되는 법칙' 입니다.

❶ 먼저 첫 번째로 남성과 중성 단수2격(소유격)을 나타낼 때는 명사에 어미 **-(e)s** 가 붙습니다. 정관사 **des** (부정관사 **eines**)와 라임을 맞추려 한다고 생각하시면 이해가 쉽습니다.

❷ 두 번째는 복수3격에서는 남성-여성-중성 모두 **-n** 이 붙습니다. 듬직해 보이죠.

❸ 세 번째는 복수형의 모습입니다. 명사마다 복수를 만드는 방식이 서로 차이가 있다는 것을 알 수 있습니다.

자! 이렇게 모든 남성-중성 명사는 단수2격에 **-(e)s** 를 붙여야 하고, 복수3격에서는 **-n** 을 붙여 주는 것이 독일어 명사 사용법의 중요한 핵심이라고 정리할 수 있습니다.

(die Adresse [아드레쎄] 주소, heiraten [하이라텐] 결혼하다, die Schwester [슈붸스터] 여자 형제, zeigen [차이겐] 보여주다)

Das ist das Buch des Vaters.
그것은 아버지의 책입니다.

Das Kind der Frau heißt Daniel.
그 여인의 아이는 다니엘이라고 부릅니다.

The best and quickest way
to communicate in a new language!
Learn to understand and speak languages quickly and easily!

Hast du die Adresse des Mannes?

너 그 남자의 주소 가지고 있니?

Er heiratet die Schwester seines Freundes.

그는 친구의 여동생과 결혼합니다.

Der Lehrer zeigt den Schülern seine Bilder.

선생님은 학생들에게 자신의 그림들을 보여줍니다.

7-3. 독일어 명사의 복수!

자! 이번에는 독일어 명사의 복수에 대해 이야기 나눠보겠습니다.
표에서처럼 독일어 명사의 복수형은 여러 가지 형식으로 만들어지는데요,
크게 4가지로 나눌 수 있습니다.

명사의 복수 종류로는 이런 것들이 있다더라! 정도로 쭉쭉 읽어내려 가주십시오!

❶ der Vater 〉 **die Väter** 처럼 단수〉복수에서 별도의 어미가 붙지는 않고, 같은 모양이거나 변모음 (¨)을 하는 경우가 있습니다. 거의 대부분의 남성, 중성 명사가 여기에 속합니다. (문법적으로는 '강변화1식명사' 라고 부릅니다. '어미가 그냥 그대로 같다' 고 해서 '동미식' (同尾式)이라고도 부릅니다.)
강변화1식에 속하는 여성명사는 **die Mutter** 와 **die Tochter** 뿐입니다.

❷ die Stadt 〉 **die Städte** 처럼 단수〉복수에서 어미 **-e** 가 붙고, 변모음을 하는 경우가 있습니다. (문법적으로는 '강변화2식명사' 라고 하거나, '**e** 식' 이라고도 합니다.)

❸ das Bild 〉 **die Bilder** 처럼 단수〉복수에서 어미 **-er** 가 붙고, 변모음을 하거나 안하는 경우가 있습니다. (문법적으로는 '강변화3식명사' 라고 하거나, '**er** 식' 이라고도 합니다.) 강변화3식에 해당하는 여성명사는 없습니다.

❹ 표에는 소개 안 하고 있지만 복수형에 **-(e)n** 이 붙는 '**n 식**' (약변화명사)가 있습니다. 1격을 제외하고 모든 격에 **-(e)n** 이 붙는 방식입니다.
(단! 여성명사는 단수에서 어미변화가 없습니다.)

그리고 그밖에 소수의 경우로는 강변화와 약변화를 혼합한 형태의 '혼합변화식' 과 '외래어' 등이 있습니다. (외래어의 경우는 복수형에서 영어처럼 **-s** 만 붙여주면 됩니다. : **die Autos** [디 아우토 스] 자동차들)

'어떤 명사가 무슨 식이다!' 는 절대 중요하지 않습니다.
단수형인지 복수형인지 구분하는 것이 최우선입니다.

그리고 무엇보다도 일상적인 표현에 들어가는 어휘의 복수형을 문장과 함께 기억하시는 것이 가장 효율적인 학습법입니다. 억지로 단어 외우듯 복수형을 암기하려는 태도는 여러분께 어울리지 않습니다. 왠지 모양 빠져 보이기도 하고요. ·＿·

(**das Bilderbuch** [빌더부흐] 그림책)

Die Lehrer schenken den Kindern die Bilderbücher.
선생님들이 아이들에게 그림책들을 선물합니다.

문장을 분석해 보면
1) **der Lehrer** (교사)의 복수형 **die Lehrer**(교사들), 단수와 복수가 같은 형태군요.

2) **das Kind** (아이)에서 복수형 **die Kinder** 가 되었고, 복수3격(~에게)이기 때문에 **-n** 이 붙어 **den Kindern** 이 되었습니다.

3) '그림책' 은 그림들이 있는 책입니다. 그래서 **das Bild 〉 die Bilder** (그림들)과 **das Buch** (책)의 합성어가 된 것이고요, 이것이 복수형이 되니까 **das Buch 〉 die Bücher** 가 되어 변모음하고 **-er** 이 붙은 형식이라는 것을 알 수 있습니다.
(참고적으로 복합명사는 뒤에 있는 명사의 성이 적용됩니다. **das Kind + der Garten = der Kindergarten** [킨더가르텐] 유치원 : 아이들이 노는 정원)

같은 방식으로 다음의 문장도 분석해 보시면 좋겠습니다.

(**die Mutter** [무터] 어머니, **die Tochter** [토흐터] 딸, **der Apfel** [앞펠] 사과)

Die Mütter geben ihren Töchtern die Äpfel.

어머니들이 그녀들의 딸들에게 사과들을 줍니다.

(후덜덜들! 복수가 다소 과하군요. -__-;)

 ## 7-4. 인터넷 독일어 사전 보는 법!

독일어 명사의 복수형을 모두 외우기 위해 목숨을 걸 필요는 없습니다.
그렇다고 겁나 두꺼운 독어사전을 쌩돈 내고 사는 사회적 분위기는 더더욱 아니고요.
간단히 인터넷으로 검색하는 것이 스마트한 학습방법, 맞습니다!
다음의 약자만 알면 활용하시는데 아무 문제가 없으실 겁니다.

{m} 남성명사, **{f}** 여성명사, **{n}** 중성명사, **{pl}** 복수명사

사전에서 **Vater** 를 찾았을 때, 다음과 같이 이해하시면 됩니다.

Vater {m} -(e)s ¨   아버지

{m} : 남성명사 **der Vater**, **-(e)s** : 단수2격에 붙음 **des Vaters**, ¨ : 복수형에 움라우트 (땡땡이) 붙음 **die Väter**

핫팁!
네이버 사전 **http://dedic.naver.com/#main** 이나, 영독스포 다국어 단어사전 **http://dict.tu-chemnitz.de** 를 추천합니다.

 ## 7-5. 좀 튀는 동사들!

인칭에 따라 변화하는 모양이 불규칙적인 동사들을 소개합니다.
불규칙적으로 변화한다고 해서 **sein** 동사처럼 부모형제도 몰라볼 정도로 막 변화하지는 않습니다.
주로 '단수2/3인칭' 에서 어간 모음이 살짝 바뀌는 정도가 대부분입니다. 미리부터 겁먹을 필요 절대 없는 수준입니다.

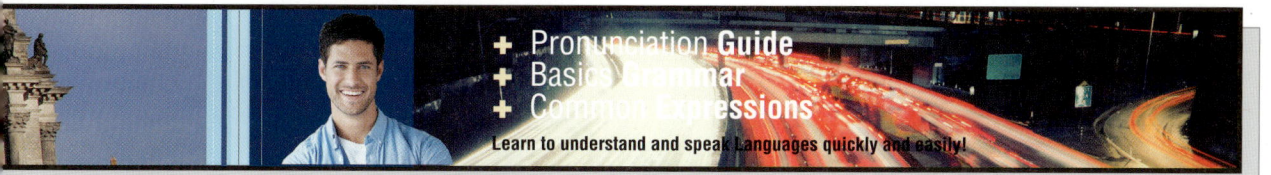

다음은 '불규칙동사' 의 대표적인 유형입니다.
나머지 인칭변화는 '규칙변화동사' 와 몽땅 동일하고, 단지 '단수2/3인칭' 에서만 어간 모음이 살짝 바뀌는 동사들입니다.

(fahren [파렌] 운전하다, sprechen [슈프레헨] 말하다, sehen [제엔] 보다)

	fahren	**sprechen**	**sehen**
du	**fährst**	**sprichst**	**siehst**
er	**fährt**	**spricht**	**sieht**

fahren 은 어간 모음이 변모음했고 (**a > ä**), **sprechen** 은 **e** 가 **i** 로, **sehen** 은 **e** 가 **ie** 로 변했습니다. 이 3가지가 대표적인 변화 패턴입니다. 앞뒤의 자음모음 배치 환경이 유사하다면 변화하는 방식은 같습니다. 사실 불규칙이라고는 하지만 엄밀히 따지면 나름 규칙과 근거가 있습니다. 그렇다고 해서 우리가 거기까지 파고 들어갈 필요는 없고요. 그냥 '요딴 방식이구나~!' 하고 이해하시면 되겠습니다.

(**wohin** [보힌] 어디로, **der Herr** [헤어] ~씨, **nach** [나흐] ~향하여, **nichts** [니히츠] 아무것도 아닌, **was** [봐스] 무엇, **jetzt** [예츠트] 지금, **die Frau** [프라우] 부인, **der Film** [필름] 영화)

Wohin fährst du?
어디로 (운전해)가니?

Herr Schmidt fährt nach Berlin.
슈미트 씨는 베를린으로 갑니다.

Er spricht nichts.
그는 아무 것도 말하지 않습니다.

Was siehst du jetzt?
너 지금 무엇을 보고 있니?

Frau Bauer sieht solche Filme nicht.
바우어 부인은 그런 영화들을 보지 않습니다.

 핫팁!
모든 독일어 동사의 인칭변화는 **www.verbix.com** 사이트에서 확인하실 수 있습니다.

07+
Lektion 07. Multi+Plus
독일어 불규칙동사랑 의문사랑, 탈탈 털기!

독일어 동사를 하나, 둘 더 많이 알아간다는 것,
통장에 이자가 따따블로 불어나는 것과 같은 뿌듯함입니다.
동사와 의문사의 콜라보로 독일어 회화능력을 뿅 튀겨 보겠습니다.

Lesson*
multi*
plus*
The best and quickest way
to communicate in a new language!

7-1+. 쫌 잘나가는 독일어 불규칙동사들!

자주 사용하는 '불규칙동사' 를 조금 더 소개해 드리겠습니다.
3가지 패턴별로 정리해봤습니다.

① **fahren** 처럼 변모음(**a > ä**) 하는 동사들 :
schlafen [슐라펜] 자다, **tragen** [트라겐] 운반하다

(**lang** [랑] 긴, **nur** [누어] 단지, **kurz** [쿠르츠] 짧은)

Schläfst du lang?
너는 오래 자니? (잠이 많니?)

Sie schläft nur kurz.
그녀는 잠이 적습니다.

② **sprechen** 처럼 **e** 가 **i** 로 변하는 동사들 :
geben [게벤] 주다, **helfen** [헬펜] 돕다

(**das Geld** [겔트] 돈)

Der Vater gibt seiner Tochter kein Geld.
그 아버지는 자신의 딸에게 돈을 주지 않습니다.

Der Mann hilft seiner Frau nicht.
그 남자는 자신의 부인을 돕지 않습니다.

(**helfen** 은 3격을 필요로 하는 동사입니다.)

③ **sehen** 처럼 **e** 가 **ie** 로 변하는 동사들 :
stehlen [슈텔렌] 훔치다, **lesen** [레젠] 읽다

(**das Brot** [브로트] 빵, **gern** [게른] 즐겨, **die Zeitung** [차이퉁] 신문)

Er stiehlt nur ein Brot.
그는 단지 빵 하나를 훔칩니다.

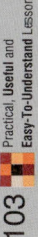

103

Practical, Useful and
Easy-To-Understand Lessons!

MULTI*PLUS

The best and quickest way to communicate in a new language!

Learn to understand a[nd]
speak Languages quic[kly and easily!]

Er liest gern die Zeitung.
그는 신문을 즐겨 읽습니다.

(**lesen** 의 2인칭형태는 3인칭과 같은 **liest** 입니다.)

7-2+. 궁금해요? 궁금하면 독일어 의문사!

궁금증을 해결하는 대표적인 의문사를 소개합니다.
이번에는 자주 사용하는 '6하원칙용' 의문사를 중심으로 소개해 드리겠습니다.
영어는 5W1H이지만 독일어는 깔끔하게 **6W**입니다. 써먹을 일 많습니다. 통째로 기억해두소서!
(의문사에는 의문부사, 의문대명사 등이 있습니다. 문법상으로 **wer** 와 **was** 는 '의문대명사' 이고,
다음의 나머지는 '의문부사' 입니다. '의문대명사' 는 추후 관계대명사 파트에서 좀 더 깊숙이 설명
드리겠습니다.)

누가?	언제?	어디서?		무엇을?	어떻게?	왜?
wer	**wann**	**wo**		**was**	**wie**	**warum**
[붸어]	[봔]	[보]		[봐스]	[뷔]	[봐룸]

(**wohnen** [보넨] 거주하다, **wohnen ~ in** [보넨 인] ~에 살다, **hier** [히어] 여기, **allein** [알라인] 혼자, **kommen** [콤멘] 오다, **hierher** [히어헤어] 여기로, **gerade** [게라데] 곧, **zu** [추] ~에게/~로, **die Zeit** [차이트] 시간)

Wer ist sie?
그녀는 누구니?

Sie ist Heidi Klum.
그녀는 하이디 클룸이야.

Wann kommst du hierher?
너 여기로 언제 올거니?

Ich komme gerade.
나 금방 가.

Wo wohnst du?
너는 어디 사니?

Ich wohne in Stuttgart.
나는 슈투트가르트에 살아.

Was ist das?
그것은 무엇이니?

Das ist ein Wagen.
그것은 자동차야.

Was ist sie?
그녀는 무엇이니? (직업을 물을 때 사용합니다.)

Sie ist Model.
그녀는 모델이야.

Wie heisst du?
네 이름은 뭐니?

Ich heisse Psy.
나는 싸이라고 해.

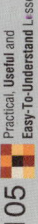

Warum kommst du nicht zu mir?
너 나한테 왜 안 오니?

Ich habe keine Zeit.
나 시간이 없어.

Practical, **Useful** and
Easy-To-Understand Lessons!

MULTI* PLUS

Practical, Useful and
Easy-To-Understand Lessons!

Ich kann Deutsch sprechen.

08.
Lektion 08

활용도 만땅의 화법조동사!
Ich kann Deutsch sprechen.
나 독일어 할 수 있어.

영어의 **can**, **must**, **will**, **shall**...과 같은 조동사,
독일어에서는 '화법조동사' (話法助動詞)라고 부릅니다.
'말하는 법을 도와주는 동사' 라는 얘기죠.
화법조동사를 배우면 지금 여러분께서 알고 계신 모든
문장이 X6, 6배 뻥! 튀겨집니다.
여러분의 표현력을 순식간에 늘어나게 해주는
독일어 화법조동사 6가지,
지금 당장 만나보시겠습니다.

8-1. 독일인의 영어실력!

독일 사람들, 영어 쫌 합니다. 평소에 영어를 상당히 많이 섞어서 말합니다.

이러한 독특한 언어습관에서 뎅글리쉬 (**Denglisch = Deutsch + Englisch**)라는 신조어도 생겼습니다. 대부분의 독일인은 영어 표현에 어려움이 없으며 강한 악센트의 영국식 영어를 구사합니다. 독어와 영어가 태생적으로 사촌지간이기도 하지만, 독일 사람들은 기본적으로 개방적인 언어관을 가지고 있습니다. 프랑스인의 고집불통적 불어사랑과는 확실하게 비교되는 부분이죠. ㅎ

 ## 8-2. 독일어 화법조동사, **Six** 팩!

영어의 조동사로 친숙한 **can**, **must**, **will**, **shall**... 등을 독일어에서는 화법조동사라고 부릅니다. '말하는 방법을 도와주는 동사' 란 뜻이죠. 아시는 바와 같이 조동사는 동사의 원형과 결합됩니다. 영어는 바로 이어서 '조동사 + 동사의 원형' 형태로 사용하지만, 독일어는 문장의 두 번째 위치에 단 한 가지 동사만 위치할 수 있기 때문에 조동사가 들어오면 원래 있던 본동사는 문장의 맨 끝으로 이동합니다. 동사의 위치가 달라지는 것만 빼면 영어와 생김새도 비슷하고 하는 짓도(의미도) 거의 같습니다.

자! 그러면 여러분의 독일어 복근을 책임질 화법조동사 **Six** 팩을 소개하겠습니다.

können
~ 할 수 있다 (능력/가능성)

müssen
~해야 한다 (의무)

dürfen
~해도 괜찮다 (허가)

wollen
~ 할 것이다 (의지)

sollen
~해야 한다 (당위)

mögen
~하고 싶다

 ## 8-3. 화법조동사 변화 패턴 꿰뚫기!

화법조동사 역시 동사인 관계로 인칭별 어미변화를 합니다.

주우욱 늘어놓으니 꽤 복잡한 것 같지만 메커니즘을 알면 의외로 간단한 변화방식입니다.
'헉! 누가 독일어 아니랄까봐 또 이렇게 엄청난 표를?!' 하실 필요, 전혀 없다는 말씀입니다.

일단 복수형은 규칙적인 변화를 합니다. 따로 신경 쓰실 필요 없죠.
단수형만 살펴보면 되는데요, 기본적으로 1인칭과 3인칭은 모양이 같고, 1인칭 형태에 **-st** 만 붙이면 2인칭 형태가 됩니다. 그러니까 **können** 의 경우 1인칭인 **kann** 만 기억하시면 모든 게 해결됩니다.

	können	**müssen**	**dürfen**
ich	kann	muss	darf
du	kannst	musst	darfst
er	kann	muss	darf
wir	können	müssen	dürfen
ihr	könnt	müsst	dürft
sie	können	müssen	dürfen

	wollen	**sollen**	**mögen**
ich	will	soll	mag
du	willst	sollst	magst
er	will	soll	mag
wir	wollen	sollen	mögen
ihr	wollt	sollt	mögt
sie	wollen	sollen	mögen

 8-4. 능력자, 화법조동사!

각각의 화법조동사는 어떤 의미와 능력을 가지고 있는지 예문을 통해 살펴보도록 하겠습니다.

1 **können** : ~ 할 수 있다, ~일 수 있다 (가능/추측)

Können Sie ...? (당신은 ~해주실 수 있겠습니까?)는 정중한 의뢰를 표현할 때 씁니다. 아주 일상적인 표현이죠. **kann sein** 역시 그런데요, 가능할 것을 추측하여 말할 때 씁니다.

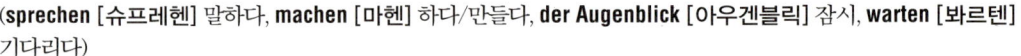
(**sprechen** [슈프레헨] 말하다, **machen** [마헨] 하다/만들다, **der Augenblick** [아우겐블릭] 잠시, **warten** [봐르텐] 기다리다)

Ich kann Deutsch sprechen.
나는 독일어를 말할 수 있습니다.

Er kann es nicht machen.
그는 그것을 할 수 없습니다.

Können Sie einen Augenblick warten?
(손님) 잠시만 기다려주시겠습니까?

Das kann sein.
그럴 수 있습니다.

❷ müssen : ~해야만 한다 (의무)

müssen nicht 는 '~할 필요 없다' 로 해석하시면 됩니다.

(**gehen** [게엔] 가다, **die zwei** [츠바이] 2, **der Kriminalroman** [크리미날로만] 추리소설, **lesen** [레젠] 읽다, **sagen** [자겐] 말하다)

Musst du gehen?
너 꼭 가야하니?

Ja, ich muss gehen.
응, 나 가야해.

Wir müssen zwei Kriminalromane lesen.
우리는 추리소설 두 권을 읽어야 한다.

Das müssen Sie nicht sagen.
당신(들)은 그것을 말할 필요 없습니다.

110

Practical, **Useful** and
Easy-To-Understand Lessons!

❸ **dürfen** : ~해도 된다 (허가)

(**rauchen** [라우헨] 흡연하다, **hier** [히어] 여기, **noch** [노흐] 더/아직, **parken** [파르켄] 주차하다, **behalten** [베할텐] 가지다)

Darf ich hier rauchen?
여기서 흡연해도 됩니까?

Du darfst noch nicht rauchen.
너는 아직 담배를 피우면 안 돼.

Darf ich hier parken?
여기에 주차해도 됩니까?

Du darfst das behalten.
너 그거 가져도 돼.

❹ **wollen** : ~하고 싶다 (의지)

(**der Politiker** [폴리티커] 정치가, **werden** [붸르덴] ~ 되다, **morgen** [모르겐] 내일, **nach** [나흐] ~ 향하여/후에, **fliegen** [플리겐] 날아가다)

Ich will Politiker werden.
나는 정치가가 될 것입니다.

Morgen will ich nach Frankfurt fliegen.
내일 나는 프랑크푸르트로 갈 것입니다.

❺ **sollen** : ~하여야 한다 (당위성)

sollen 은 도덕적인 의무나 당위성을 말할 때 사용합니다.
아울러 타인의 의지를 표현할 때도 씁니다.

(**ehrlich** [에를리히] 정직한, **wie** [뷔] 어떻게, **tun** [툰] 하다)

Wir sollen ehrlich sein.
우리는 정직해야 합니다.

Wie soll ich tun?
내가 어떻게 해야 합니까?

Ich soll Politiker werden.
나는 정치가가 되어야 합니다. (예를 들면 : 아버지가 원하셔서.)

❻ mögen : ~을 좋아하다 (기호)

(**schwimmen** [슈빔멘] 수영하다, **sehr** [제어] 매우, **das Mädchen** [멧헨] 소녀, **der Fisch** [피쉬] 물고기)

Er mag schwimmen.
그는 수영을 좋아합니다.

Ich mag dich sehr.
나는 너를 너무 좋아해.

Das Mädchen mag keinen Fisch.
소녀는 생선을 좋아하지 않습니다.

8-5. '뫼겐' 은 재간동이!

mögen 의 능력은 약간 다른 곳에서 더욱 빛을 발휘합니다.

영어의 '가정법' 에 해당하는 것이 독일어의 '접속법2식' 인데요,
mögen 의 접속법2식 형태가 **möchten** 입니다. ' ~ 원합니다, ~하고 싶습니다' 를 정중하게 표현하는 어법입니다. ('접속법' 은 제19과에서 다룹니다.)
Ich möchte ~. Möchten Sie ~? 만 알면 여행회화의 절반이 해결된다고 할 정도로 그야말로 폭발적인 활용도를 자랑하는 표현입니다.

(**trinken** [트링켄] 마시다, **mitgehen** [미트게엔] 같이 가다, **der Herr** [헤어] 남자/~씨, **fragen** [프라겐] 질문하다)

Ich möchte Cola trinken.
저는 콜라를 마시고 싶습니다.

Ich möchte mitgehen.
제가 같이 가고 싶습니다.

Ich möchte Herrn Maier sprechen.
마이어 씨와 통화하고 싶습니다.

Ich möchte fragen.
여쭙고 싶습니다.

8-6. 화법조동사의 단독 대쉬!

화법조동사가 본동사로 쓰일 수도 있습니다.
즉 단독적으로 사용될 수도 있다는 것이죠.
대부분의 경우 화법조동사 본래의 뜻만으로도 문맥이 통할 때 사용합니다.

(**ein bisschen** [아인 비쓰헨] 약간, **das Spanisch** [슈파니쉬] 스페인어, **heute** [호이테] 오늘, **das Geld** [겔트] 돈)

Ich kann ein bisschen Spanisch.
나는 스페인어를 약간 합니다.

Heute muss ich nach Köln.
오늘 나는 쾰른으로 가야합니다.

Ich will das Geld nicht.
나는 그 돈을 원치 않습니다.

Ich möchte Cola.
저는 콜라요.

LESSON
MUTI*
PLUS*

The best and quickest way
to communicate
in a new language!

08+
Lektion 08. Multi+Plus
화법조동사로 해결하는 독일어 생활회화 & 여행회화!

8-1+. 먹고 마시는 독일어 생활회화는 몽땅 '뫼히텐'

möchten 만 알면 식당용 회화의 대부분이 해결됩니다.
먹고 마시는 모든 문제를 **Ich möchte** …로 끝낼 수 있으니까요.
식당점원의 질문도 거의 **Möchten Sie ~?**로 시작합니다.

(**etwas** [에트바스] 어떤 무엇, **essen** [에쎈] 먹다, **der Wein** [바인] 와인, **probieren** [프로비어렌] 시험하다, **der Nachtisch** [나흐티쉬] 후식, **bestellen** [베슈텔렌] 주문하다, **der Abend** [아벤트] 저녁, **das Eisbein** [아이스바인] 독일식 족발요리, **das Wiener Schnitzel** [뷔에너 슈니첼] 비엔나식 돈가스)

Möchten Sie etwas essen?
뭐 좀 드시겠습니까?

Möchten Sie den Wein probieren?
와인 시음하시겠습니까?

Möchten Sie einen Nachtisch?
후식을 원하십니까?

Wir möchten bestellen.
저희 주문하겠습니다.

Ich möchte heute Abend Eisbein essen.
저는 오늘 저녁 아이스바인을 먹고 싶습니다.

Ich möchte Wiener Schnitzel.
저는 비엔나 돈가스요.

8-2+. 독일어 식당용 회화표현 모듬전!

여러분께서 알고 계신 정도의 독문법이면 이제부턴 밥 굶을 일은 완전 없슴다! ·__·
말 나온 김에 식당용 필수회화를 단계별로 정리해보겠습니다.
영어의 **please** 에 해당하는 **bitte** 하나면 대부분의 상황이 아주 간단하게 해결됩니다.
짧지만 예의를 갖춘 표현, **bitte**. '적극활용' 을 '대박추천' 합니다. **Bitte!**

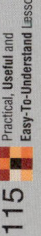

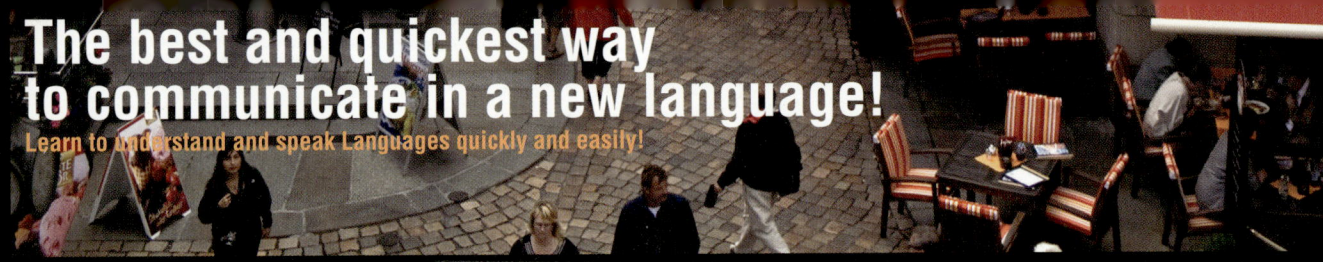

(die Speisekarte [슈파이제카르테] 메뉴판, die Bedienung [베디눙] 서빙, bestellen [베슈텔렌] 주문하다, empfehlen [엠펠렌] 추천하다, das Fleisch [플라이쉬] 고기, der Vegetarier [베게타리어] 채식주의자, schmecken [슈멕켄] 맛보다, lecker [레커] 맛있는, salzig [잘치히] 짠, scharf [샤르프] 매운, süß [쥐쓰] 단, satt [자트] 배부른, die Zahlen [찰렌] 지불)

① 식당용 독일어 회화 1단계

Bitte!
여기요. (손을 들고 눈을 맞추어 말하면 점원을 부를 수 있습니다.)

Die Speisekarte, bitte.
메뉴판 좀 주세요.

Bedienung, bitte.
여기요. ('서빙 좀 해주세요!'라고 사람을 부를 때 사용합니다.)

Ich möchte bestellen.
주문하겠습니다.

② 식당용 독일어 회화 2단계

Was können Sie empfehlen?
추천 좀 해주시겠습니까? (음식 이름을 모를 때 점원에게 부탁합니다.)

Ich esse gern Fleisch.
나는 고기를 먹겠습니다.

Ich esse kein Fisch.
나는 생선을 못 먹습니다.

Ich bin Vegetarier/in.
채식주의자입니다.

③ 식당용 독일어 회화 3단계

Es schmeckt mir sehr gut.
아주 맛있습니다.

 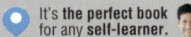

Lecker!

맛있다!

Es ist zu salzig / scharf / süß.

너무 짭니다 / 맵습니다 / 답니다.

Ich bin satt.

배부릅니다.

Zahlen, bitte.

계산이요.

8-3+. 독일제 '국민 먹거리'

일단 독일 요리는 심플합니다. 조리법도 간단하고 요리시간도 짧죠.

독일을 대표하는 음식은 주로 돼지고기 요리입니다.
독일 사람들은 돼지 울음소리만 빼고 모든 부위를 요리로 만들어 낸다고 합니다. 우리에게도 친숙한 족발(슈바인스학세 **Schweinshaxe**), 소시지(부어스트 **Wurst**), 돈가스(슈니첼 **Schnitzel**)이 그냥 그대로 독일요리에도 있습니다. 대표적인 슈니첼로는 예거슈니첼(**Jägerschnitzel** : 버섯소스)와 뷔너 슈니첼(**Wiener Schnitzel** : 송아지고기)가 있습니다. 소시지는 부어스트(**Wurst**)라고 합니다. 뉘른베르거, 튀링거, 바이스 부어스트(뮌헨), 프랑크푸르터 등이 가장 유명하죠.

독일 요리의 기본은 돼지고기 요리, 자우어크라우트(**Sauerkraut** : 절인 양배추 - 독일식 김치로 우리 취향은 아님. -__-;) 그리고 감자 요리(으깨거나 튀긴)입니다. 고기 요리의 종류만 바뀔 뿐 기본적인 조합은 크게 달라지지 않죠. 독일요리는 프랑스 요리와 비교해서 미적인 면은 떨어지지만 고열량식으로 든든함을 제공합니다. 여기에다가 '맥주공장 그림자만 밟아도 독일 전국일주가 가능하다.' 고 할 정도로 다양한 지역특산 맥주 한 잔을 곁들이면 여행의 활력과 추억이 보충됩니다.

(추천요 리 : 소고기 **Rinderfleisch**, 돼지고기 **Schweinefleisch**, 생선 요리 **Fischgerichte**, 스테이크 **Rindersteak** (미국식), 슈니첼 **Schnitzel** (돈가스), 학센 **Haxen** (족발), 카르토펠잘라트 **Kartoffelsalat** (감자샐러드), 자우어크라우트 **Sauerkraut** (절인 양배추), 되너 **Döner** (케밥), 커리 부어스트 **Currywurst** (카레소시지), 폼프리츠 **Pommes frites** (감자튀김), 셍켄브뢰첸 **Schinkenbrötchen** (슬라이스햄이 들어간 빵))

Practical & Useful
Easy-To-Understand Lessons!

09.
Lektion 09

와~! 아기자기하다, 독일어 전치사! (1)

Während des Urlaubs bleibe ich in Berlin.

휴가기간 동안 나는 베를린에 머뭅니다.

Während des Urlaubs bleibe ich in Berlin.

앞에 놓는다고 하여 '전치사' 입니다. 때문에 전치사 다음에 오는 애들(관사, 형용사, 명사 등)이 눈치를 안 볼 수가 없습니다. 특히 독일어의 전치사는 '격' 을 지배하기 때문에 다음에 나오는 요소들은 격을 딱딱 맞춰야만 합니다. 독일어는 2격, 3격, 4격 그리고 3-4격전치사가 있습니다.
독일어 전치사는 영어와 특히 많이 닮아서 금방 친해지실 수 있을 것입니다.

9-1. 독일인과의 매너!

독일인으로부터 초대를 받았다면 여러분의 독일생활, 일단! 성공입니다.

독일인 가정에 초대되어 가시면 반드시 앞뒤 분간해야 할 것들이 있습니다.
1) 초대시간에 딱 맞춰 가십시오. 30분만 일찍 도착해도 '니가 벌써 오면 내가 준비를 어떻게 하니?' 하는 표정을 볼 수 있을 것입니다. 2) 식사는 안주인이 시작하고 난 다음에 드십시오. 먼저 먹으면 분위기 싸해지면서 체하게 될 겁니다. 3) 화장실 사용 후에는 반드시 문을 닫아두십시오. 열어놓고 나오면 '문을 열고 대변을 보는 놈' 과 똑같이 간주됩니다. 4) 생일선물의 경우 당일에 못줄 것 같으면 생일이 지난 이후에 주십시오. 미리 주면 너 때문에 김샌다고 생각합니다. ·___·;
(이렇게 주우욱 적어 놓고 보니까 독일애들 성격 쫌 짱 까다로운 듯! ㅋ)

9-2. 독일어 전치사, 격을 지배하는 자!

전치사는 비교적 짧은 음절로 이루어져 있으면서도 중요한 의미를 담고 있어서 문장을 만들 때 매우 유용한 성분입니다. 독일어 전치사는 꽤나 다양합니다. 2격, 3격, 4격, 3-4격전치사로 종류가 나뉘고 무엇보다도 이후에 나오는 성분들의 격을 지배한다는 강력한 특징이 있습니다.

Er wohnt in dem schönen Haus.
그는 그 아름다운 집에 삽니다.

위의 문장을 보시면, '전치사 + 정관사 + 형용사 + 명사' 로 된 전치사구로 이루어져 있습니다.
전치사를 뒤따라 나오는 관사, 명사는 3격으로 표시되어 있습니다. 그렇다면 **Haus** 는 '남성명사' 아니면 '중성명사' 로 유추가 가능합니다. 이런 식으로 독일어의 전치사는 다음에 뒤따르는 요소들이 격을 준수하도록 요구합니다.
(관사와 명사 사이에 있는 형용사 **schön** (예쁜)은 형용사 어미변화상태입니다. 형용사 어미변화는 제11과에서 설명 드리겠습니다.)

자! 그러면 지금부터 자주 사용하게 되는 주요 전치사들을 그룹별로 소개해 드리겠습니다.
전치사 예문은 각 2개씩만 엄선했습니다. 통째로 드시고 기억해주십시오!
(영어 전치사와 비교하면서 보시면 훨씬 쉬울 것입니다. ^O^)

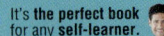
It's the perfect book
for any self-learner.

GERMAN

9-3. 2격전치사 대표 4인방!

사실 2격전치사는 점차 사용이 줄어들고 있습니다.
실제 일상회화에서는 3격으로 대치하여 말하기도 하고요,
관사와 명사를 2격으로 일치시켜 주는 것이 관건입니다. 대표적인 것 딱 4개만 살펴보겠습니다.

(**der Tee** [테] 차, **der Kaffee** [카페] 커피, **der Nachtisch** [나흐티쉬] 후식, **nehmen** [네멘] 택하다, **stattfinden** [슈
타트핀덴] 개최하다 (분리동사), **der Regen** [레겐] 비, **draußen** [드라우쎈] 밖의, **spielen** [슈필렌] 놀다/연주하다,
der Urlaub [우얼랍] 휴가, **das Tier** [티어] 동물, **der Winter** [뷘터] 겨울, **das Wetter** [붸터] 날씨, **bleiben** [블라이
벤] 머물다, **das Haus** [하우스] 집, **mancher** [만허] 많은(정관사류), **der Lärm** [레름] 소음)

❶ (an)statt~ : ~ 대신에 (**instead of**)

접두사 **an-** 은 생략하기도 합니다.

Ich trinke Tee statt Kaffee.
나는 커피 대신에 차를 마십니다.

Statt des Nachtischs nehme ich eine Tasse Kaffee.
나는 후식 대신에 커피 한 잔을 합니다.

❷ trotz~ : ~에도 불구하고 (**in spite of**)

Die Party findet trotz des Regens draußen statt.
비에도 불구하고 파티는 밖에서 열립니다.

Sie spielen trotz des Regens Golf.
그들은 비가 옴에도 골프를 칩니다.

❸ während~ : ~ 동안에 (**during**)

Während des Urlaubs bleibe ich in Berlin.
휴가기간 동안 나는 베를린에 머뭅니다.

Manche Tiere schlafen während des Winters.

많은 동물들이 겨울 동안에 잠을 잡니다.

 wegen~ : ~ 때문에 (**because of**)

Wegen des Wetters bleiben wir zu Hause.

날씨 때문에 우리는 집에 머뭅니다.

Wegen des Lärms kann ich nicht schlafen.

소음 때문에 나는 잠을 못잡니다.

9-4. 3격전치사 대표선수들!

이번에는 3격을 지배하는 전치사를 소개해 드리겠습니다.

(**das Zimmer** [침머] 방, **noch** [노흐] 아직, **die Eltern** [엘터른] 부모, **arbeiten** [아르바이텐] 일하다, **die Firma** [피르마] 회사, **der Professor** [프로페쏘어] 교수, **fahren** [파렌] 타다/운전하다, **essen** [에쎈] 먹다, **lesen** [레젠] 읽다, **der Zug** [추크] 기차, **wie weit** [뷔 봐이트] 얼마나 멀리, **die Schwester** [슈베스터] 여자 형제, **lernen** [레르넨] 배우다, **das Jahr** [야르] 해/년, **das Abendessen** [아벤트에쎈] 저녁식사, **heute** [호이테] 오늘, **die Nacht** [나흐트] 밤, **die U-bahn** [우반] 지하철, **die Ausstellung** [아우스슈텔룽] 전시회)

① aus~ : ~로부터 (**out of, from**)

Sie geht aus dem Zimmer.

그녀는 그 방에서 나갑니다.

Ich komme aus Korea.

나는 한국에서 왔습니다.

② bei~ : ~옆에, ~에 (**at, with**)

Mein Freund wohnt noch bei seinen Eltern.

나의 남친은 아직도 자신의 부모님 집에 살고 있습니다.

It's **the perfect book**
for any **self-learner.**
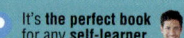
 GERMAN

Practical, **Useful** and
Easy-To-Understand Lessons!

Mein Onkel arbeitet bei der Firma.

나의 삼촌은 그 회사에서 일합니다.

3 mit~ : ~와 함께, ~으로 (**with**)

Er spricht mit dem Professor.

그는 교수님과 이야기합니다.

Ich fahre mit der U-bahn.

나는 지하철을 타고 갑니다.

4 nach~ : ~ 이후에, ~로 향하여 (**after, to**)

Nach dem Essen liest er ein Buch.

식사 후에 그는 책을 읽습니다.

Der Zug fährt nach Hamburg.

그 기차는 함부르크를 향해 갑니다. (함부르크 행입니다.)

5 von~ : ~에서부터, ~의 (**from, of**)

Wie weit ist es von Bonn nach München?

본에서 뮌헨까지 얼마나 멉니까?

Der Freund von meiner Schwester heisst Schweinsteiger.

내 여동생의 남친은 슈봐인슈타이거입니다.

6 seit~ : ~이래로 (**since**)

Sie lernt seit drei Jahren Deutsch.

그녀는 3년째 독일어를 배우고 있습니다.

Er lernt seit dem Abendessen in seinem Zimmer.

그는 저녁식사 이래로 자신의 방에서 공부합니다.

123 Practical, **Useful** and
Easy-To-Understand Lessons!

7 **zu~** : ~에, ~로 (**to**, **at**)

Kannst du zu mir heute Nacht?
오늘 밤 나에게 올 수 있니?

Er geht zu einer Ausstellung.
그는 전시회에 갑니다.

 ## 9-5. 4격전치사 대표선수들!

4격지배전치사, 베스트를 소개합니다.

(der Park [파크] 공원, der Zug [추크] 기차, der Tunnel [툰넬] 터널, viel [피일] 많은, danken [당켄] 감사하다, die Einladung [아인라둥] 초대, kochen [코헨] 끓이다, der Gast [가스트] 손님, der Zucker [추커] 설탕, machen [마헨] 하다/만들다, laufen [라우펜] 달리다, der Sportplatz [스포르트플라츠] 운동장, die Tante [탄테] 아주머니/이모/고모/숙모, wie lange [뷔 랑에] 얼마나 오래, dauern [다우어른] 소요되다, der Bahnhof [반호프] 역, die Universität [우니베어지테트] 대학교, jetzt [예츠트] 지금, der Fuß [푸쓰] 발)

1 **durch~** : ~를 통해 (**through**)

Er geht durch den Park.
그는 공원을 통해 갑니다.

Unser Zug fährt durch den Tunnel.
우리의 기차는 터널을 통과합니다.

2 **für~** : ~를 위해, ~에 대해 (**for**)

Vielen Dank für Ihre Einladung!
당신의 초대에 대해 감사드립니다.

Sie kocht für den Gast Tee.
그녀는 손님을 위해 차를 끓입니다.

③ ohne~ : ~ 없이 (**without**)

Ich trinke Kaffee ohne Zucker.
나는 설탕 없이 커피를 마십니다.

Das kannst du ohne mich machen.
너는 나 없이 그것을 할 수 있어.

④ um~ : 둘레에, ~시(時)에 (**around, at**)

Wir laufen um den Sportplatz.
우리는 운동장 주위를 달립니다.

Sie kommen heute um 7 Uhr.
그들은 오늘 7시에 옵니다.

이번 과에서 배운 전치사를 듬뿍 활용한 예문으로 마무리하겠습니다.

Ich fahre mit dem Bus zu meiner Tante.
나는 버스를 타고 나의 이모님께 갑니다.

Ich wohne seit drei Monaten bei meinem Onkel.
나는 3개월째 나의 삼촌댁에 살고 있습니다.

Wie lange dauert es vom Bahnhof zur Universität?
역에서부터 대학교까지 얼마나 걸립니까?

Ich bin zu Hause, aber sie geht jetzt nach Hause zu Fuß.
나는 집에 있지만, 그녀는 이제 걸어서 집으로 갑니다.

(**nach Hause** (집으로), **zu Hause** (집에)나 **zu Fuß** (걸어서)와 같은 상용구는 관사 없이 사용됩니다.)

**LESSON
MUTI*
PLUS***

The best and quickest way
to communicate
in a new language!

09+
Lektion 09. Multi+Plus
독일인의 시간과 약속!

It's **the perfect book**
for any **self-learner.** GERMAN

09-1+ 독일인의 강박적 시간개념

독일인과 가장 쉽게 의리가 상하게 되는 것이 바로 '시간문제' 입니다.

약속시간, 업무기일, 개인적인 부탁까지 약속된 시간이 준수되지 않으면 관계는 순식간에 적색경고등이 켜집니다. 모두가 이해할만한 이유(천재지변에 준하는)가 없다면 지연, 지각에 대한 비난(인성에 대한 평가를 포함하여)을 면하기 어렵죠. (그런데 문제는 정말로 천재지변이 두 번 연속되었다고 하더라도 더 이상의 신뢰를 기대하기 어렵다는 것이죠.) 이런 원칙적용은 외국인, 자국민을 막론하고 마찬가지입니다. 독일인이 보여줄 수 있는 인내심의 한계는 대략 15분입니다. 일종의 **German Time** 이죠. '친한 사이여서, 연인 사이여서 아니면 내가 상사니까 늦더라도 괜찮겠지' 하는 생각은 딱 1번으로 충분합니다. 두 번째 만남에서 독일인의 관심사는 '당신을 만나는 것' 이 아니라 '당신이 이번에는 과연 정시에 올 것인가? 가 될 테니까요.

09-2+ 독일식 시간 보는 법

독일 사람들이 시간을 말하는 방법은 두 가지입니다.

기본적으로 방송이나 각종 안내에서는 24시간제로 말하고 (예를 들어 '오후 2시 15분' 을 '14시 15분' 이라고 함), 생활회화에서는 우리처럼 '10분 전', '10시 반' 같은 방식으로도 말합니다.
24시간제는 순서대로 14 **Uhr** 50 [피어첸 우어 퓐프찌히] (오후 2시 50분)이라고 하시면 됩니다.
('분' 은 말하지 않습니다.)
그런데 일상생활에서의 시간 말하는 법은 다소 독특하기 때문에 별도의 이해가 필요합니다.

일단 '오전' 은 **Vormittag** [포어미탁], '오후' 는 **Nachmittag** [나흐미탁]입니다.
그리고 '전' (前)은 **vor** [포어], '후' (後)는 **nach** [나흐]라는 전치사를 사용합니다.

2:00 zwei Uhr [츠바이 우어]

1:50 zehn vor zwei [첸 포어 츠바이]

2:10 zehn nach zwei [첸 나흐 츠바이]

매 15분은 영어의 **quarter** 에 해당하는 **viertel** 을 사용합니다. 1/4이라는 뜻이죠.

2:45 viertel vor drei [피어텔 포어 드라이]

3:15 viertel nach drei [피어텔 나흐 드라이]

그리고 '30분' 을 '반' 이라고 말할 때는 **halb** [할프]를 씁니다.
특히 주의할 점은 독일 사람들은 30분부터는 다음 시간을 기점으로 말한다는 것입니다. 5:30을 우리는 '30분이 지난 5시' 라는 의미로 사용한다면 독일 사람들은 '30분 전 6시' 로 말한다는 것이죠. 그래서 독일 사람들은 **halb sechs** 라고 말합니다.

6:30 halb sieben [할프 지벤]

23:30 halb null [할프 눌]

(0시는 **null** [눌] 이라고 합니다.)

여기서 한발 더 나가서 30분을 중심으로 전후 10분은 그러니까 20분에서 40분까지는 반(30분)을 기준으로 말하기도 합니다. 그러니까 20분을 '10분 전 반(30분)' 으로 말한다는 것이죠.

8:20 zehn vor halb neun [첸 포어 할프 노인]

10:40 zehn nach halb elf [첸 나흐 할프 엘프]

자! 이 정도면 이제 시간에 대해 말할 수 있습니다. 여러분의 지금 시간은 몇 시입니까?

(**viel** [피일] 많은, **spät** [슈페트] 늦은)

Wie viel Uhr ist es?
지금 몇 시입니까?

Wie spät ist es?
지금 시간이 얼마나 됐죠?

Es ist 7 Uhr.
지금은 7시입니다.

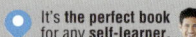

09-3+ 독일어 시간표현을 이용하여 약속 만들기!

자! 그러면 실전대화 한번 이어가 볼까요?
독일 파트너와 시간약속을 만들어보겠습니다. 같이 저녁식사를 하는 상황이 좋겠군요.
일단, 전화를 거세요!

(**der Herr** [헤어] 남자/~씨, **dann** [단] 그러면)

A: Brecht.
브레히트입니다.

B: Hallo, Herr Brecht? Hier ist Kim.
여보세요, 브레히트씨? 김입니다.

Essen Sie heute Abend mit mir?
저와 오늘 저녁 식사하시겠습니까?

A: Ja, gerne.
네, 좋습니다.

B: Um 7, geht das?
7시, 어떠세요?

A: Ja, gut.
네, 좋습니다.

B: Bis dann. Auf Wiederhören.
그럼 그때까지. 안녕히 계세요.

전화를 할 때는 반드시 먼저 자신의 이름을 밝혀야 합니다.

'알겠지.' 라고 생각하거나 '바꿔줄 사람한테까지 그럴 필요가 있나?' 라고 생각하시면 통화 자체가
어려울 수 있습니다. ·_· 헤어질 때 인사는 얼굴을 보고 있는 상태에서는 **Auf Wiedersehen.** 전화
상으로는 **Auf Wiederhören.** 하시면 됩니다.

Sie geht ins ➔ Badezimmer.

10.
Lektion 10
골라 먹는 재미, 독일어 전치사! 전치사(2)
Sie geht ins Badezimmer.
그녀는 욕실 안으로 갑니다.

전치사 두 번째 시간, 이번에는 '이랬다저랬다 하는 3-4격전치사'를 만나보겠습니다.
어떨 땐 3격이고, 어떨 땐 4격으로 쓰이는 전치사들인데요, 명확하게 구분하는 방법이 있습니다.
'정지된 상태'면 3격, '움직이는 상태'면 4격입니다. 함께 확인해 볼까요?

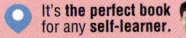

10-1. 독일식 좌우지간 똑바로 걷기!

독일 사람들은 길을 걸을 때 상대방을 피해 걷지 않습니다.

우직하게 소걸음 걷듯 곧장 가지요. 덕분에 길에서 어깨를 많이 부딪치게 됩니다. 그렇다고 별도의 사과를 하거나 쳐다보지도 않습니다. 우리나라 명동의 보행정서 정도로 이해하시면 됩니다. (군이 사과를 하려면 가볍게 영어로 **Sorry.** 하시면 됩니다.) 차선을 잘 바꾸지 않는 자동차 운전도 마찬가지입니다. 때문에 느린 차는 가장 우측 차선에서 운행해야 하며, 좀 달려보겠다는 차들은 제일 왼쪽 차선에서 '무제한 고속 **made by** 아우토반(Autobahn)' 을 만끽합니다. 어설픈 차종으로 왔다 갔다 '추월놀이' 는 절대 삼가해야 하죠. 아무튼 길에서건 도로에서건 우직하게 곧장 달리는 게 '독일 스타일' 입니다.

10-2. 이랬다가 저랬다가 3.4격전치사!

영어에서 가장 많이 사용하는 전치사는 **on**, **in**, **to** 입니다.
독일어도 마찬가지로 **an**, **in**, **zu** 죠.

요 녀석들이 잘나가는 전치사 **Top** 3 에 랭크된 이유는 '시간과 장소' 와 연관되기 때문입니다.
사람들의 일상표현 중 상당 부분이 '시간과 장소' 에 관한 것이라는 반증이기도 합니다.

그중에서 전치사 **an**, **in** 은 대표적인 '3.4격전치사' 입니다. 이랬다가 저랬다가 하는 전치사죠.
3.4격전치사의 사용법은 간단합니다.
정지 상태를 말할 때는 3격, 움직이는 상태일 때는 4격을 사용하면 됩니다.
실제 일상대화 중에서는 **Wo?** (어디?)로 묻는 질문은 3격으로 대답하고, **Wohin?** (어디로?)로 질문하는 것에 대해서는 4격으로 대답하는 식입니다.

3격으로 쓰일 때와 4격으로 쓰일 때의 예문을 각각 비교하여 드리겠습니다.

1) **an** : ~ 옆에, ~ 옆으로 (**on**, **at**)

an 은 '옆에', 접촉된 옆을 말합니다. 독일 사람들은 '벽' 의 넓은 면을 '옆면' 으로 인식합니다.

(**hängen** [행엔] 걸다, **die Weltkarte** [벨트카르테] 세계지도, **die Wand** [봔트] 벽, **wohin** [보힌] 어디로)

Wo hängt die Weltkarte?
세계지도는 어디에 걸려있습니까? (3격)

Die Weltkarte hängt an der Wand.
세계지도는 벽에 걸려있습니다. (3격)

Wohin hängt der Lehrer die Weltkarte?
선생님은 세계지도를 어디에 걸고 있습니까? (4격)

Der Lehrer hängt die Weltkarte an die Wand.
선생님은 세계지도를 벽에 겁니다. (4격)

2) **auf** : ~ 위에, ~ 위로 (**on**)

auf 의 '위에' 는 접촉된 위를 말합니다.

(**die Zeitung** [차이퉁] 신문, **liegen** [리이겐] 놓여있다, **legen** [레겐] 내려놓다, **der Tisch** [티쉬] 탁자)

Die Zeitung liegt auf dem Tisch.
신문은 탁자 위에 놓여있습니다. (3격)

Ich lege die Zeitung auf den Tisch.
나는 신문을 탁자 위에 놓습니다. (4격)

3) **über** : ~ 위에, ~ 위로 (**above**, **over**)

über 의 '위에' 는 허공 상태의 위를 말합니다.

(**das Bild** [빌트] 그림, **das Bett** [베트] 침대)

Das Bild hängt über dem Bett.
그림은 침대 위에 걸려 있습니다. (3격)

Er hängt das Bild über das Bett.

그는 그림을 침대 위에 겁니다. (4격)

4) **in** : ~ 안에, ~안으로 (**in, into**)

(**das Badezimmer** [바데침머] 욕실)

Sie ist in dem Badezimmer.

그녀는 욕실 안에 있습니다. (3격)

Sie geht in das Badezimmer.

그녀는 욕실 안으로 갑니다. (4격)

5) **hinter** : ~ 뒤에, ~ 뒤로 (**behind**)

(**stehen** [슈테엔] 서있다, **laufen** [라우펜] 달리다, **der Baum** [바움] 나무)

Er steht hinter einem Baum.

그는 나무 뒤에 서있습니다. (3격)

Er läuft hinter einen Baum.

그는 나무 뒤로 달려갑니다. (4격)

6) **unter** : ~ 아래에, ~ 아래로 (**under**)

(**der Hund** [훈트] 개, **der Tisch** [티쉬] 탁자)

Der Hund ist unter dem Tisch.

개는 탁자 아래에 있습니다. (3격)

Der Hund läuft unter den Tisch.

개가 탁자 아래로 달려갑니다. (4격)

 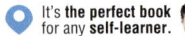

The best and quickest way to communicate in a new language!
Learn to understand and speak Languages quickly and easily!

+ Pronunciation **Guide**
+ **Basics** Grammar
+ Common **Expressions**

7) **vor** : ~ 앞에, ~ 앞으로 (**in front of, before**)

(der Briefträger [브리프트레거] 우체부, stehen [슈테엔] 서있다, die Tür [튀어] 문)

Der Briefträger steht vor der Tür.
우체부가 문 앞에 서있습니다. (3격)

Der Briefträger kommt vor die Tür.
우체부가 문 앞으로 옵니다. (4격)

8) **zwischen** : ~ 사이에, ~ 사이로 (**between**)

(der Ball [발] 공, liegen [리이겐] 놓여있다, das Bein [바인] 다리, werfen [붸르펜] 던지다)

Ein Ball liegt zwischen meinen Beinen.
공이 내 다리 사이에 있습니다. (3격)

Das Kind wirft einen Ball zwischen meine Beine.
소년이 내 다리 사이로 공을 던집니다. (4격)

10-3. '전치사 + 관사' 의 축약

전치사와 정관사를 합쳐 하나의 단어로 축약해서 사용할 수 있습니다.
특히나 회화표현에서 더욱 많이 사용하죠. 거의 몽땅 다 축약이 가능하며, 간편하게 사용할 수 있습니다. 상식적인 패턴이기 때문에 쉽게 유추 가능합니다.

an + dem > am   an + das > ans
in + dem > im   in + das > ins
zu + dem > zum   zu + der > zur

bei + dem > beim   von + dem > vom
auf + das > aufs   um + das > ums

일상에서 특히 자주 쓰는 표현들이 있습니다. 하나의 덩어리로 기억하시면 명사의 성까지도 함께 해결할 수 있으니까 참고하여 주십시오.

(**klopfen** [클로펜] 두드리다, **das Fenster** [펜스터] 창문, **die Post** [포스트] 우체국, **der Marktplatz** [마르크트플라츠] 시장광장, **schauen** [샤우엔] 보여주다, **kaufen** [카우펜] 사다, **die Wurst** [부어스트] 소시지, **der Fleischer** [플라이셔] 정육점, **heute abend** [호이테 아벤트] 오늘 저녁에)

am Montag 월요일에	**am Bahnhof** 역에서
beim Essen 식사 중에	**beim Frisör** 미장원에서
im Kino 영화관에서	**ins Hotel** 호텔로
zur Uni. 대학으로	**zum Theater** 극장으로

Sie klopft ans Fenster.
그녀가 창문을 노크합니다.

Ich gehe zur Post am Marktplatz.
나는 시장에 있는 우체국으로 갑니다.

Ich schaue durchs Fenster.
나는 창문을 통해 봅니다.

Wir gehen heute abend ins Theater.
우리는 오늘 저녁에 극장에 갑니다.

Ich kaufe Wurst beim Fleischer.
나는 소시지를 정육점에서 삽니다.

 10-4. 전치사와 (의문)대명사의 쿵짝!

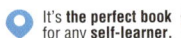 It's **the perfect book** for any **self-learner.**   **GERMAN**

전치사와 의문대명사, 전치사와 대명사의 결합형이 있습니다.
'**wo(r)** + 전치사, **da(r)** + 전치사'의 형식인데요, 전치사가 모음으로 시작하면 **r** 을 첨가합니다. 발음을 편하게 하기 위해서죠.
자! 그러면 결합형으로 묻고 답할 수 있는 방법까지 소개해 드리겠습니다.

(**schreiben** [슈라이벤] 쓰다, **der Kugelschreiber** [쿠겔슈라이버] 볼펜, **warten** [바르텐] 기다리다, **die Antwort** [안트보르트] 대답, **dagegen** [다게겐] 그것에 반해/대하여)

worauf	**wofür**	**womit**
무엇에 대하여	무엇을 위하여	무엇과 함께

darauf	**dafür**	**damit**
그것에 대하여	그것을 위하여	그것과 함께

Womit schreibst du?
너는 무엇으로 쓰고 있니?

Schreibst du mit dem Kugelschreiber?
너 볼펜으로 쓰고 있니?

Ja, ich schreibe damit.
응, 나 그것으로 쓰고 있어.

Worauf wartest du?
너는 무엇을 기다리고 있니?

Wartest du auf ihre Antwort?
너 그녀의 대답을 기다리고 있니?

Nein, ich warte nicht darauf.
아니, 난 그것을 기다리고 있지 않아.

Ja, ich bin dafür.
예, 저는 그것에 찬성합니다.

Nein, ich bin dagegen.
아니오, 저는 그것에 찬성하지 않습니다.

From basic greetings and expressions to grammar and conversations!

LESSON MUTI* PLUS*

The best and quickest way **to communicate in a new language!**

Practical, **Useful** and **Easy-To-Understand** Lessons!

10+

Lektion 10. Multi+Plus

전치사로 해결하는 독일어 여행회화!

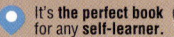 It's **the perfect book** for any **self-learner.** **GERMAN**

10-1+. 전치사로 해결하는 '호텔용 독일어 회화'

독일어 여행회화가 와장창 강해지는 코너.
이번에는 전치사를 알면 해결되는 여행회화, '호텔편' 을 준비했습니다.

(**das Zimmer** [침머] 방, **das Bad** [바트] 욕조, **oder** [오더] 혹은, **die Dusche** [두쉐] 샤워기, **duschen** [두쉔] 샤워하다, **das Frühstück** [프뤼슈틱] 아침식사, **frühstücken** [프뤼슈튁켄] 아침식사하다, **telefonieren** [텔레포니어렌] 전화하다)

Haben Sie ein Zimmer mit Bad oder mit Dusche?
욕조나 샤워기 있는 방이 있습니까?

간단하게 **Haben Sie ein Zimmer frei?** (빈방 있습니까?)라고 물을 수도 있습니다.

Um wie viel Uhr ist das Frühstück?
조식은 몇 시입니까?

Ich möchte im Zimmer frühstücken.
룸에서 조식을 원합니다.

Ich möchte nach Korea telefonieren.
한국으로 전화하고 싶습니다.

10-2+. 전치사로 해결하는 '관광용 독일어 회화'

1 독일어 여행회화가 와장창 강해지는 코너.
이번에는 전치사를 알면 해결되는 여행회화, '관광편' 을 준비했습니다.
먼저 지나가는 사람에게 장소, 건물을 물을 때의 방법입니다.
인사와 함께 시작하십시오.

(**die Entschuldigung** [엔트슐디궁] 용서, **hier** [히어] 여기, **das Krankenhaus** [크랑켄하우스] 병원, **das Rathaus** [라트하우스] 시청, **dorthin** [도르트힌] 저기로)

Entschuldigung!

실례합니다!

Wo ist der Bahnhof?

역이 어디입니까?

Wo ist hier ein Krankenhaus?

여기 병원은 어디에 있습니까?

Ist das das Rathaus?

이것이 시청입니까?

Wie komme ich zum Hotel Hilton?

힐튼 호텔에는 어떻게 갑니까?

Wie komme ich dorthin?

거기로 어떻게 갑니까?

② 장소의 위치를 말하는 패턴은 정해져 있습니다.
다음의 예를 참고하시면 됩니다.

(die Straße [슈트라쎄] 도로/가, die Bank [방크] 은행, die Allee [알레] 대로 (영어의 avenue), der Platz [플라츠] 광장 (영어의 square), das Informationsbüro [인포마치온스뷔로] 안내소)

Das Rathaus ist in der Neustraße.

시청은 노이가(街)에 있습니다.

Die Bank ist in der Berliner Allee.

은행은 베를린로(路)에 있습니다.

Das Informationsbüro ist am Rathausplatz.

안내소는 시청광장에 있습니다.

140

Practical, **Useful** and
Easy-To-Understand Lessons!

It's **the perfect book**
for any **self-learner.**   GERMAN

❸ 근처의 길안내는 간단한 표현으로 가능합니다.

(**dort** [도르트] 저기, **hierher** [히어헤어] 여기로, **hier vorne** [히어 포르네] 바로 앞, **hier hinten** [히어 힌텐] 바로 뒤, **um die Ecke** [움 디 에케] 모퉁이에, **gegenüber** [게게뉘버] 맞은편, **geradeaus** [게라데아우스] 곧장, **links** [링크스] 왼쪽에 **rechts** [레히츠] 오른쪽에, **die Treppe** [트렙페] 계단, **hinauf** [힌아우프] 저 위로, **hinunter** [힌운터] 저 아래로, **die Seite** [자이테] 측면)

Es ist dort.
저기입니다.

Es ist hier vorne.
요 앞입니다.

Gehen Sie geradeaus!
곧장 가세요!

Gehen Sie nach links!
왼쪽으로 가세요!

Gehen Sie die Treppe hinauf!
계단을 올라가세요!

Der Bahnhof ist auf der rechten/linken Seite.
역은 오른(왼)쪽 측면에 있습니다.

Gehen Sie ~! (~ 가십시오.)는 존칭형 명령문입니다.
안내를 받으셨다면 또는 안내를 해주셨다면 역시 인사로 마무리를 하시면 됩니다.

Danke schön. Auf Wiedersehen.
고맙습니다. 또 뵙겠습니다.

Bitte schön. Auf Wiedersehen.
별말씀을요. 또 만나요.

Practical, **Useful** and **Easy-To-Understand** Lessons!

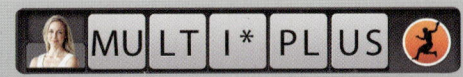

11.

Lektion 11
독일어가 예뻐진다! 형용사의 변화!
Sie trägt das schöne rote Kleid.
그녀는 예쁜 빨간색 옷을 입고 있습니다.

It's the perfect book
for any self-learner. GERMAN

Sie trägt das schöne rote Kleid.

형용사의 변화 (약변화, 혼합변화, 강변화) 그리고 형용사의 명사화

초보 독일어 학습자에게 있어 가장 중요한 3대 관문은 '명사/동사/형용사 변화' 입니다.

이번에는 세 번째 시간 형용사입니다. 여러분께서는 이제 독일어 초급 돌파의 마지막 관문을 통과하고 계신 겁니다. 형용사 또한 어미변화를 하기에 까다로울 수 있겠습니다만, 접근 방법을 스마트하게 하면 얘기는 달라집니다. 다음처럼 말이죠~!

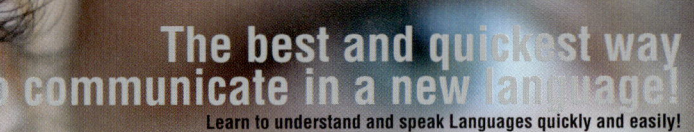
 ## 11-1. 끔찍한 독일어!

미국 작가 마크 트웨인 **Mark Twain** (1835-1910)은 저서 '**The Awful German Language**' (끔찍한 독일어)에서 '영어 습득에 30시간, 프랑스어는 30일, 독일어는 30년이 걸린다' 고 했습니다. (**To learn English in 30 hours, French in 30 days, and German in 30 years.**) (트웨인 아저씨 뻥도 쎄셔!) 그런데 이 얘기는 뒤집어 말해 독일인이 영어를 배우는데 30시간이면 충분하다는 것이기도 합니다. 영어를 하는 사람에게 독일어의 품사별 변화무쌍함은 고문일 수 있지만, 독일인에게 영어는 허술하기 짝이 없는 언어일 수 있기 때문이죠. 마치 '영어는 만들다가 만 언어이고 영문법은 정리하다 만듯한' 인상인 거죠. 독일인에게 영어가 만만한 이유입니다. 그렇다면 우리에게 독일어는 어떨까요?

11-2. 독일어 형용사 변화의 속사정!

독일어를 잘하는 사람은 화법조동사의 미묘한 뉘앙스를 잘 살려서 말하고, 독일어를 맛깔나게 하는 사람은 형용사를 잘 사용합니다. '말빨' 이 세다는 것, 즉 언변이 좋다는 것은 '형용사 드립' 에 능하다는 얘기죠. ·___·V 독일어의 형용사가 중요한 이유입니다.

1) Der Mann ist gut.
그 남자는 착하다. (서술어적 용법)

2) Er ist ein guter Mann.
그는 착한 남자이다. (부가어적 용법)

독일어의 형용사는 두 가지 방식으로 사용됩니다.
1번처럼 서술어적으로 사용되는 경우와, 2번처럼 명사 바로 앞에서 수식하는 부가어적으로 사용되는 경우입니다. 서술어적으로 사용될 때는 원형 그대로 독립적으로 사용하면 되니까 별로 문제될 것이 없지만, 두 번째 문장에서처럼 부가어적으로 쓰일 때의 형용사는 어미변화를 해야 합니다. 명사와의 관계를 적시할 필요가 있기 때문이죠. 이렇게 변화하는 부분이 우리의 학습타깃이 될 것이고요.

독일어 형용사의 변화는 3가지 형식입니다.
1) 약변화, 2) 강변화, 3) 혼합변화. 글자 그대로 형용사가 약하게 변하면 '약변화' , 많이 변하면 '강변화' , 둘을 섞어 짬뽕으로 변화하면 '혼합변화' 입니다. (강변화라고 해서 형태를 알아볼 수 없을 정도로 변하는 것은 절대 아닙니다! 쫄지 맙시다!)
약변화는 형용사 앞에 정관사를 동반할 경우, 혼합변화는 부정관사를 동반할 경우, 그리고 아무것도 없이 형용사만 올 때는 강변화를 합니다.

der große Hund
약변화 = 정관사(류) + 형용사 + 명사

ein großer Hund
혼합변화 = 부정관사(류) + 형용사 + 명사

großer Hund
강변화 = 형용사 + 명사

'변화의 논리' 는 이렇습니다. 형용사의 앞에 정관사가 오면 정관사가 이미 명사에 대한 정확한 정보를 제공하고 있기 때문에 형용사가 특별히 많이 애쓸 필요가 없는 상황이 됩니다. 그래서 형용사가 약하게 변화하는 것이고, 반대로 강변화는 앞에 아무 것도 없는 상황에서 명사에 대한 정보를 형용사가 모조리 감당해줘야 하기 때문에 형용사에 어미가 다양하게 붙는 것이죠. 혼합변화는 부정관사의 어중간한 정보전달력을 커버하기 위한 변화인 셈입니다. (부정관사가 있으면 형용사는 단수 1격/4격은 강변화, 그외는 약변화를 혼합적으로 하기 때문에 '혼합변화' 입니다.)

'그냥 외우라고 하면 될 것이지 뭐 하러 이렇게 사설을 길게 풀고 계시나? 라고 할 수도 있지만 속사정을 이해하면 독일어에게 정(情)을 줄 수 있습니다. '니가 오죽하면 이래야겠니? 하는 이해심도 생기게 되고요. ㅋ 현재 우리의 독일어 문법책은 요런 인간적인 방식으로 진행해 나가고 있습니다.

11-3. 독일어 형용사 변화의 시스템

필자 개인적으로는 표를 주우욱 늘어놓는 방식을 좋아라 하지 않습니다만, 독일어가 워낙에 시각적 논리성을 가지고 있는 탓에 부득이 표를 인용하고 있습니다. 표는 외우시라고 만든 것이 아닙니다. 한번 찬찬히 들여다보시면서 표를 이미지로 기억해주십사 하는 것이고요, 이렇게 하시면 활용이 훨씬 수월해지실 것이라 생각해서 준비했습니다.

1 형용사의 강변화 (형용사 + 명사)

	남성	여성	중성	복수
1격	-er	-e	-es	-e
2격	-en	-er	-en	-er
3격	-em	-er	-em	-en
4격	-en	-e	-es	-e

먼저 '강변화', 즉 관사류 없이 형용사 혼자서 명사를 감당해야 하는 경우입니다.

형용사의 어미를 보시면, '남성/중성2격'을 제외하면 나머지는 '정관사어미변화'와 똑같습니다. 다시 말해 형용사가 정관사의 역할을 하고 있다는 것입니다. 명사의 '성수격'에 대한 정보를 알려주기 위해서 말이죠. 관사 없는 상황은 형용사가 가장 성실해야 되는 환경입니다. ·_* (남성과 중성 명사의 단수2격어미가 -(e)s 여서 동일한 어미가 반복되는 것을 피하기 위해서 남성/중성 단수2격 어미가 -en 이 되었습니다.)

	남성	여성	중성	복수
1격	guter Man	gute Frau	gutes Kind	gute Kinder
2격	guten Mannes	guter Frau	guten Kindes	guter Kinder
3격	gutem Man	guter Frau	gutem Kind	guten Kindern
4격	guten Man	gute Frau	gutes Kind	gute Kinder

❷ 형용사의 약변화 (정관사류 + 형용사 + 명사)

	남성	여성	중성	복수
1격	-e	-e	-e	-en
2격	-en	-en	-en	-en
3격	-en	-en	-en	-en
4격	-en	-e	-e	-en

다음은 약하게 변화하는 '약변화' 입니다.

정관사(류) 덕분에 형용사는 할 일이 별로 없습니다. 남성1격, 여성/중성1격/4격에만 -e, 그리고 나머지엔 모두 -en 만 붙여주면 됩니다.

	남성	여성	중성	복수
1격	der gute Man	die gute Frau	das gute Kind	die guten Kinder
2격	des guten Mannes	der guten Frau	des guten Kindes	der guten Kinder
3격	dem guten Man	der guten Frau	dem guten Kind	den guten Kindern
4격	den guten Man	die gute Frau	das gute Kind	die guten Kinder

+ Pronunciation **Guide**
+ Basics **Grammar**
+ Common **Expressions**
Learn to understand and speak Languages quickly and easily!

❸ 형용사의 혼합변화 (부정관사류 + 형용사 + 명사)

	남성	여성	중성	복수
1격	-er	-e	-es	-en
2격	-en	-en	-en	-en
3격	-en	-en	-en	-en
4격	-en	-e	-es	-en

끝으로 '혼합변화' 입니다.

단수 남성1격에 **-er**, 여성1/4격에 **-e**, 중성1/4격에 **-es** 가 붙고 나머지는 모두 **-en**
입니다. 강변화와 약변화가 부분적으로 혼합된 형태임을 알 수 있습니다. (단수1/4격은 정관사변
화와 모양이 똑같습니다.)
(복수형태까지 설명하기 위해 소유대명사 **mein** 을 예로 들었습니다.)

	남성	여성	중성
1격	mein guter Man	meine gute Frau	mein gutes Kind
2격	meines guten Mannes	meiner guten Frau	meines guten Kindes
3격	meinem guten Man	meiner guten Frau	meinem guten Kind
4격	meinen guten Man	meine gute Frau	mein gutes Kind

	복수
1격	meine guten Kinder
2격	meiner guten Kinder
3격	meinen guten Kindern
4격	meine guten Kinder

TIP! 형용사 앞에 '관사(류)가 있고 2/3격 상황이면 형용사어미는 무조건 **-en** 입니다.
고민할 필요 없이 말이죠!

mit dem roten Auto
   (meinem)
그(나의) 빨간 자동차로

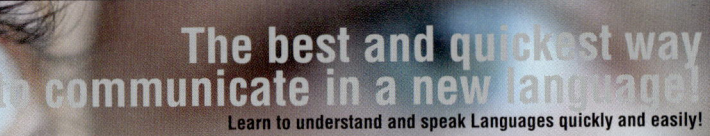

11-4. 독일인에게 영어가 만만한 이유!

영어로는 '**big dog**, **a big dog**, **the big dog**' 이니까
형용사의 변화에 대해 전혀 신경쓸 일이 없습니다.
형용사의 원형 하나면 그대로 모든 게 끝나니까요.
독일인 입장에서는 영어는 뭐 이런가 싶을 정도로 엄청나게 단순한 상황입니다.
독일 사람들이 영어를 만만하게 보고, 금세 잘할 수밖에 없는 이유죠.
그래서 '영어 **vs** 기타 유럽어' 를 바라보는 기본적인 인식은 바로 이런 '품사별 변화' 에 대한 이해
가 전제입니다.

(**klein** 작은, **die Reisetasche** 여행용 가방, **alt** 오래된, **der Wein** 와인, **frisch** 신선한, **die Milch** 우유, **tragen**
입다/들다/지니다, **rot** 빨간색의, **das Kleid** 옷, **suchen** 찾다, **jung** 젊은, **best** 최고의)

Die schöne Frau ist Marias Tante.
그 아름다운 여인은 마리아의 이모입니다.

Sie hat eine kleine Reisetasche.
그녀는 작은 여행용 가방을 가지고 있습니다.

Peter trinkt alten Wein und sein Sohn trinkt frische Milch.
페터는 오래된 와인을 마시고 그의 아들은 신선한 우유를 마십니다.

Sie trägt das schöne rote Kleid.
그녀는 예쁜 빨간색 옷을 입고 있습니다.

Sie sucht einen jungen Mann.
그녀는 젊은 남자를 찾고 있습니다.

Du bist mein bester Freund.
너는 내 절친이야.

 11-5. 형용사, 명사로 신분상승!

형용사는 대문자로 바꾸어 써서 명사로 사용할 수 있습니다.

형용사가 명사로 변신하는 상황인데요, 이를 '형용사의 명사화' 라고 합니다.
남성/여성/복수 형용사가 명사화되면 '~하는 사람' 이라는 뜻입니다. 예를 들어 **krank** (아픈)이
der Kranke 하면 '환자' (남자)가 되는 것이고, **die Kranken** (복수) 하면 '환자들' 이 되는 방식입니다. 중성의 형용사가 명사화되면 추상적인 의미가 되어 '~것' 이 됩니다.

(**stehen** 서다/실리다, **etwas** 뭔가 어떤, **interessant** 흥미로운, **die Zeitung** 신문, **neu** 새로운)

Steht etwas Interessantes in der Zeitung?
신문에 뭐 흥미로운 것이 났습니까?

Das Alte geht, und das Neue kommt.
낡은 것은 가고 새 것이 온다.

한국인을 **der Koreaner** (남자), **die Koreanerin** (여자)라고 하지만 '독일인' 은 형용사 **deutsch**
(독일의)의 명사화를 통해 만들어졌습니다. 그래서 '독일인' 은 **der Deutsche** (남자), **die Deutsche** (여자), **die Deutschen** (독일인들)이 됩니다.
형용사의 명사화를 나라 이름을 걸고 확실하게 보여주는 좋은 예라고 할 수 있습니다. ^O^

(**kennen** 알다, **blond** 금발의, **das Haar** 모발, **sehr** 매우, **intelligent** 지적(知的)인)

Den Deutschen kenne ich nicht.
그 독일남자를 나는 알지 못합니다.

Die Deutsche hat blonde Haare.
그 독일여자는 금발입니다.

Die Deutschen sind sehr intelligent.
독일인들은 매우 지적입니다.

Lesson*
multi*
plus*

The best and quickest way
to communicate in a new langdage!

Practical, Useful and
Easy-To-Understand Lessons!

11+
Lektion 11. Multi+Plus

형용사와 함께 하는 쇼핑용 독일어 회화 모음!

It's the perfect book
for any self-learner.

GERMAN

11-1+. 독일 상점의 서비스 마인드? 글쎄요~!

솔직히 말해서 독일 상점에서 살가운 응대를 기대하긴 어렵습니다.
물건을 팔고 싶기나 한 건지, 팔아도 그만 안 팔아도 그만인 태도가 당혹스러울 때가 많습니다.
그도 그럴 것이 독일 사람들 자체가 그런 응대를 원치 않기 때문입니다. 불필요하다고 생각하기도 하고, 과장된 감정이라고 생각하여 불편해 하기도 합니다. (최근 들어 점차 달라지는 경향이며, 특히 관광객 상대 업소는 분명히 달라졌습니다.) 결국 상점의 독일식 응대 분위기는 서로의 필요에 의해 자연스럽게 만들어진 것입니다. 우리가 동양인이어서 '쌩까는' 것이 절대 아니라는 점! 서비스 철학이 우리와 좀 달라서 그런 것이니까 절대 삐지거나 오해 없으시길 바랍니다!

상점에 들어간 땐 **Guten Tag.** (**Guten Abend.**)라고 가볍게 인사하며 들어갑니다.
독일 점원은 그냥 인사를 받는 정도지 쪼르르 달려와 손님을 돕지는 않습니다.
필요할 때 그때 부르시면 됩니다.

11-2+. 독일 상점 쇼핑용 3단계 회화!

쇼핑할 때 딱 필요한 완전단골문장~!
상점에서 물건을 구매하는 깔끔한 3단계를 준비했습니다!

① 쇼핑 독일어 1단계 : 상점 찾기!

근처에 어떤 상점이 있는지 물어보십시오. 친절하게 생긴 독일인을 찾으세요~! ·_·
(스킨헤드, 얼굴에 반을 문신으로 메꾼 사람은 애써 피하기!!)

(**das Geschäft** 상점, **das Kaufhaus** 백화점, **der Supermarkt** 슈퍼마켓, **die Apotheke** 약국, **die Buchhandlung** 서점, **die Bäckerei** 빵집, **der Geschenkeladen** 선물점, **groß** 큰, **klein** 작은)

Wo ist hier ein großes Geschäft?
여기에 큰 상점은 어디 있습니까?

151 · Practical, Useful and Easy-To-Understand Lessons!

Wo ist hier eine Bäckerei?

여기에 빵집은 어디 있습니까?

2 쇼핑 독일어 2단계 : 물건 찾기!

a)나 **b)** 문장으로 말씀하시면 되고 **c)**는 보다 정중한 형식입니다.

a) Haben Sie ~?   (Have you?)

~(제품) 있습니까?

b) Ich brauche …   (I need …)

저는 ~ (제품)이 필요합니다.

c) Ich möchte ~.   (I would like …)

저는 ~ (제품)을 원합니다.

(**das Buch** 책, **das Medikament** 약, **das Andenken** 기념품, **das Brot** 빵, **das Geschenk** 선물, **das Parfüm** 향수, **der Mantel** 재킷, **brauchen** 필요하다, **die Flasche** 병)

Haben Sie einen kleinen Mantel?

작은 재킷이 있습니까?

Ich brauche eine Flasche Wein.

저는 와인 한 병이 필요합니다.

Ich möchte ein kleines Geschenk für meine Tochter.

딸에게 줄 작은 선물을 원합니다.

3 쇼핑 독일어 3단계 : 구매하기!

자! 이제 쇼핑을 마무리할 단계입니다. 구매를 해볼까요?

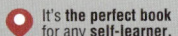

+ Pronunciation **Guide**
+ Basics **Grammar**
+ Common **Expressions**

LESSON
MULTI*
PLUS

Learn to understand and speak Languages quickly and easily!

(**billig** 싼, **teuer** 비싼, **nehmen** 취하다, **kosten** 값이 나가다, **der Teddybär** 테디베어, **die Quittung** 영수증, **als** ~으로서/써, **einpacken** 포장하다)

Haben Sie etwas Billigeres?
좀 더 싼 제품이 있습니까?

billig (싼)의 비교급 **billiger** (더 싼)이 명사화되어 **Billigeres** (보다 저렴한 제품)으로 사용되었습니다. 같은 방식으로 **Teueres** (좀 더 비싼 것), **Neueres** (좀 더 새로운 것)... 이라고 말할 수 있습니다.

Ich nehme das.
그것으로 하겠습니다.

Ich nehme das Gelbe.
노란 것으로 하겠습니다.

gelb (노란색의)를 명사화하여 '노란 것' 으로 말한 것입니다.
이제 색상만 알면 모든 물건을 지칭할 수 있게 되겠죠?

(**rot** 빨간색의, **blau** 파란색의, **grün** 녹색의, **violett** 보라색의, **braun** 갈색의, **weiß** 흰색의, **schwarz** 검정색의)

Wie viel kostet es?
저것은 얼마입니까?

Wie viel kostet der große Teddybär?
저 커다란 테디베어는 얼마입니까?

Ich möchte eine Quittung.
영수증 주시겠습니까?

Können Sie es als Geschenk einpacken?
선물로 포장해주실 수 있습니까?

153

Practical. **Useful** anc
Easy-To-Understanc Lessons!

Lektion #

12

Du singst besser als Beyoncé.

It's the perfect book for any self-learner.

12.

Lektion 12

독일어가 좀 더 좋아지는, 비교표현!

Du singst besser als Beyoncé.

너는 비욘세보다 노래를 더 잘 불러.

'비교' 할 줄 알아야 '최상' 이 무엇인지 알 수 있습니다.
좀 더 좋은 것, 가장 멋진 것을 찾는 여러분께 필요한 표현, 바로 '비교표현' 입니다.
독일어의 비교표현은 영어와 거의 비슷하기 때문에 특별히 어려울 것은 없고요,
비교를 표현하는 몇몇 문장패턴을 익히시면 그것으로 완전 목표달성입니다.

The best and quickest way
to communicate in a new language!
Learn to understand and speak Languages quickly and easily!

12-1. 독일인과 일본인을 비교하다!

일본인에게 혼네(本音 : 속마음)과 다테마에(建前 : 겉치레)가 있는 것처럼 독일인에게는 '공적(사회적) 자아와 사적(개인적) 자아' 라는 것이 있습니다. 회사에서는 업무를 기준점으로 상대를 대하고, 시간과 신뢰를 바탕으로 한 친분이 형성되면 편안한 사적 관계를 열게 됩니다. 이런 특성은 종종 '합리성 **VS** 감성' 이라는 독일인의 양면성으로 표현되기도 합니다. 토론과 철학으로 논리의 합리성에 목숨을 걸면서도 한편으로는 음악과 문학적 감성의 높은 가치를 비교하는 것이 그렇습니다. 그래서 이 때문에 '독일인은 두 개의 영혼을 가지고 있다' 라고 말하기도 하죠.

12-2. 독일어 비교표현, 친숙하다!

독일어 비교급, 최상급은 영어와 특히나 비슷하기 때문에 그리 어렵지 않습니다.
영어가 **rich 〉 richer 〉 richest** 했던 것처럼 독일어는 '비교급' 은 **-er**, '최상급' 은 **-st** 를 붙여주면 됩니다. **reich 〉 reicher 〉 reichst** 처럼요.
참고하실 점은 단음절의 단어에 있는 **a, o, u** 는 비교급 〉 최상급에서 변모음 한다는 점입니다. 그리고 **e** 로 끝나는 단어이면 **-r 〉 -st** 만 붙여주면 되고, 치음(**-t, -d, -s, -ß, -z, sch**)로 끝나면 최상급에 **-est** 를 붙여줍니다. 발음을 편하게 하려는 자연스러운 조치라고 할 수 있습니다.

(**billig** 값싼, **jung** 젊은, **alt** 나이든, **heiß** 뜨거운)

원급	비교급	최상급
billig	**billiger**	**billigst**
jung	**jünger**	**jüngst**
alt	**älter**	**ältest**
heiß	**heißer**	**heißest**

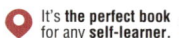

12-3. 좋다! 더 좋다! 겁나 좋다!

영어의 **good** 이 **good** 〉 **better** 〉 **best** 로 불규칙하게 변하는 것처럼, 독일어도 몇 가지 불규칙적으로 변화하는 것들이 있습니다. 특히 자주 사용하는 것들이어서 친하게 지내시면 좋습니다.

(**gut** 좋은, **hoch** 높은, **viel** 많은, **wenig** 적은)

원급	비교급	최상급
gut	**besser**	**best**
hoch	**höher**	**höchst**
viel	**mehr**	**meist**
wenig	**minder**	**mindest**

(참고적으로 **wenig** 는 규칙변화도 합니다. **wenig** 〉 **weniger** 〉 **wenigst**)

12-4. 비교급 형용사의 어미변화!

형용사어미 변화는 비교급(최상급)어미 다음에 붙입니다. 예를 들어 **einen billigeren Computer** (더 싼 컴퓨터)에서 **billigeren**은 **billig**(형용사) + **er**(비교급) + **en**(형용사어미)라는 뜻입니다.

(**der Computer** 컴퓨터, **warm** 따뜻한, **das Klima** 기후, **leben** 살다, **kosten** 값이 나가다, **teuer** 비싼, **das Auto** 자동차, **ein bisschen** 좀/다소, **schnell** 빠른)

Haben Sie einen billigeren Computer?
더 싼 컴퓨터 있습니까?

The best and quickest way to communicate in a new language!
Learn to understand and speak Languages quickly and easily!

Ich möchte in einem wärmeren Klima leben.

나는 좀 더 온화한 기후에서 살고 싶습니다.

Wie viel kostet das teuerste Auto?

가장 비싼 자동차는 얼마입니까?

Ein bisschen schneller bitte!

좀 더 빨리요!

'비교급 + **bitte**!' 만으로도 의사전달이 충분히 가능합니다. 짧아도 **bitte** 가 예의를 갖추어 주니까 걱정 마시고 적극 활용해주세요~!

12-5. 써먹기 쏠쏠한 독일어 비교용법들!

공식처럼 숙어처럼 사용할 수 있는 비교표현들이 있습니다. 자주 사용하는 것들 몇 가지 소개해 드리겠습니다.

1 원급 비교 구문 :

so 원급 **wie A** (A 만큼 ~한)

(**genau** 정확히/딱, **laufen** 달리다, **nicht** 아니다, **dumm** 멍청한)

Lebron James ist so groß wie ich.

르브롱 제임스는 나만큼 키가 큽니다. (나만 합니다.)

Er ist genau so groß wie ich.

그는 딱 나만 합니다.

Usain Bolt läuft nicht so schnell wie ich.

우사인 볼트는 나보다 빨리 달리지 못합니다.

+ Pronunciation Guide
+ Basics Grammar
+ Common Expressions
Learn to understand and speak Languages quickly and easily!

Bbakgu ist nicht so dumm wie du.

빠꾸는 너보다 멍청하지 않아.

2 비교급 구문 :

a) 비교급 + **als A** (**A** 보다 더 ~한)

als 는 영어의 **than** 에 해당됩니다.

(**dürfen nicht** ~해서는 안 된다)

Du singst besser als Beyoncé.

너는 비욘세보다 노래를 더 잘 불러.

Berlin ist größer als München.

베를린은 뮌헨보다 더 큽니다.

Mein Auto ist nicht teurer als sein Auto.

내 차는 그의 차보다 더 비싸지 않습니다.

Sie dürfen nicht schneller als 60 km/h fahren.

당신은 시속 60km 이상 운전하면 안 됩니다.

b) **immer** + 비교급 (점점 더 ~하다)
  비교급 **und** 비교급 (점점 더 ~하다)

(**werden** ~이 되다, **arm** 가난한/불쌍한, **das Licht** 불빛, **schwinden** 사라지다, **kühl** 추운/차가운)

Kwang Soo wird immer größer.

광수는 점점 더 크고 있습니다.

The best and quickest way
to communicate in a new language!
Learn to understand and speak Languages quickly and easily!

Die Armen werden immer ärmer.

가난한 사람들은 점점 가난해집니다.

형용사 **arm** (가난한)이 복수명사화 되어 **die Armen** (가난한 사람들)이 되었고, **arm** 의 비교급
ärmer 로 된 문장입니다.

Das Licht schwindet immer mehr.

불빛이 점점 더 사라집니다.

Es wird kühler und kühler.

날씨가 점점 더 추워진다.

c) je + 비교급, **desto** + 비교급 (~하면 할수록, 더 ~하다)

'**je** + 비교급, **desto** + 비교급' 구문은 '**je** + 비교급, **um so** + 비교급' 으로 쓸 수도 있습니다.
중요한 것은 '**desto** + 비교급' 부분이 주절이고, 앞에 나오는 '**je** + 비교급' 부분이 종속절이라는
것입니다. 종속절에서는 동사가 후치, 즉 해당 절의 맨 마지막에 놓입니다.
그리고 주절인 '**desto** + 비교급' 에서는 동사가 도치됩니다.

(**früh** 일찍, **der Arzt** 의사, **gesund** 건강한, **reich** 돈 많은, **geizig** 인색한)

Je früher du zum Arzt gehst, desto schneller wirst du gesund.

네가 의사에게 빨리 가면 갈수록, 너는 더 빨리 건강해질 거야.

Je reicher er wird, desto geiziger wird er.

그는 부자가 되면 될수록, 점점 더 인색해진다.

❸ 최상급 구문

a) 정관사 + 최상급

(**das Tier** 동물, **der Wal** 고래, **welcher** 어떤, **der Weg** 길, **kurz** 짧은, **der Bahnhof** 역)

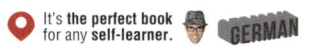

Gyeong Hwan ist der kleinste von uns.

경환이는 우리 중에서 제일 작은 사람입니다.

Unter allen Tieren ist der Wal das größte.

모든 동물 중에서 고래가 가장 큽니다.

Welcher Weg ist der kürzeste?

어떤 길이 가장 단거리입니까?

Das ist der kürzeste Weg zum Bahnhof.

그것이 역으로 가는 가장 지름길입니다.

b) **am** 형용사 + **sten**

'**am** 형용사 + **sten**' 은 자체 내에서 최고를 나타낼 때 사용합니다.

(**der Fluss** 강/하천, **tief** 깊은, **die Klasse** 학급, **die Stadt** 도시, **der Herbst** 가을, **der Platz** 장소, **der Frühling** 봄)

Der Fluss ist hier am tiefsten.

강에서 여기가 가장 깊습니다.

Er ist am größten in der Klasse.

교실에서 그가 가장 큽니다.

Sie ist am schönsten in dieser Stadt.

그녀는 이 도시에서 가장 아름답습니다.

Seoul ist am schönsten im Herbst.

서울은 가을에 가장 아름답습니다.

Der Platz ist im Frühling am schönsten.

그 곳은 봄이 가장 아름답습니다.

12+
Lektion 12. Multi+Plus
조만간 독일 가실 분을 위한 쇼핑용 간편회화 모음전!

충분히 비교했다면 지르세요~!
그래서 준비했습니다. 해외여행의 꽃, 쇼핑회화입니다!
우리나라 사람이 독일에서 주로 구매하는 품목은 주방용품, 향수, 화장품이라죠?
자! 기본적인 문형 몇 가지만 준비하면 만족스러운 쇼핑이 가능합니다.

Lesson*
multi*
plus*

The best and quickest way
to communicate in a new language!

the perfect book
for any self-learner.   **GERMAN**

12-1.+ 단계별 쇼핑용 간편 독일어 회화!

❶ 1단계 상점 찾기

(**das Kaufhaus** 백화점, **Küchengerätabteilung** 주방용품 코너)

Wo ist das Kaufhaus?
백화점은 어디입니까?

추천 장소 : **die Apotheke** (약국), **der Markt** (시장), **der Supermarkt** (슈퍼마켓), **das Einkaufszentrum** (쇼핑가), **der Duty-free-Shop** (면세점)

Wo ist die Küchengerätabteilung?
주방용품 코너는 어디입니까?

추천 코너 : **die Parfümabteilung** (향수 코너), **die Kosmetikabteilung** (화장품 코너), **die Schreibwarenabteilung** (문구 코너)

❷ 2단계 상품 고르기!

상점에 들어갈 때는 가볍게 **Guten Tag.** 또는 **Hallo.** (안녕하세요.) 하시면 됩니다.

(**umschauen** 둘러보다, **suchen** 찾다, **die Tasche** 가방, **zeigen** 보여주다, **anprobieren** 입어보다)

Ich möchte mich nur umschauen.
그냥 구경 좀 하고 싶습니다.

Ich suche Taschen.
가방을 찾고 있습니다.

추천 상품 : **das Portemonnaie** (지갑), **der Wein** (와인), **der Käse** (치즈)

Können Sie mir das bitte zeigen?
저것 좀 보여주실 수 있습니까?

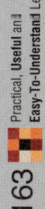

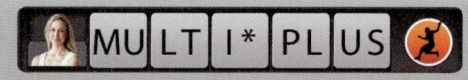

The best and quickest way
to communicate in a new language!
Learn to understand and
speak Languages quickly and easily!

Darf ich das anprobieren?

입어 봐도 됩니까?

❸ 3단계 상품 선택!

(**gefallen** 마음에 들다, **nehmen** 취하다, **einzeln** 각각의, **verpacken** 포장하다, **als** ～로서, **das Geschenk** 선물,
einpacken 포장하다)

Es gefällt mir.

제 마음에 듭니다.

Es gefällt mir nicht.

제 마음에 들지 않습니다.

Haben Sie ein billigeres?

좀 더 싼 것이 있습니까?

추천 표현 : **ein kleineres** (좀 더 작은 것), **ein größeres** (좀 더 큰 것), **ein anderes** (다른 것)

Das nehme ich.

그것으로 하겠습니다.

Können Sie es einzeln verpacken?

개별 포장해 주실 수 있습니까?

Können Sie es als Geschenk einpacken?

선물로 포장해 주실 수 있습니까?

❹ 4단계 계산하기!

(**kosten** 값이 나가다, **die Tüte** 봉지, **kaputt** 망가진, **neu** 새로운, **umtauschen** 교환하다)

Was kostet das?

얼마입니까?

 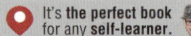

Eine Quittung, bitte.
영수증 부탁합니다.

Kann ich eine Tüte haben?
봉지를 받을 수 있습니까?

Das ist kaputt.
이거 고장 났습니다.

Können Sie das gegen ein neues umtauschen?
새 것으로 교환해주실 수 있습니까?

12-2.+ 독일어로 배우는 4칙 연산법!

막간을 이용해서 쇼핑에 필요한 독일어 수학 공부 좀 해보겠습니다.
독일어로 더하고 빼고 곱하고 나누고 막 그러면 독일어 엄청 잘하는 걸로 보입니다.
계산이야 틀릴 수 있는 거니까, 아무 숫자나 한번 넣어가면서 연습해보세요.
3 + 3 = 귀요미! (지금은 귀요미 잉여시대! ㅋ)

(**plus** 더하기, **minus** 빼기, **mal** 곱하기, **geteilt** 나누기)

1) Drei plus drei ist sechs.
3 더하기 3은 6.

2) Sechs minus drei ist drei.
6 빼기 3은 3.

3) Drei mal drei ist neun.
3 곱하기 3은 9.

4) Neun geteilt drei ist drei.
9 나누기 3은 3.

13.
Lektion 13
독일어 디테일의 힘!
소소한 문법 모음!
Wir lieben uns sehr.
우리는 정말 서로 사랑합니다.

비인칭동사, 재귀동사, 분리동사, 명령문

이번 코너는 소소한 소품 같은 문법들입니다.
독일어 회화의 디테일을 장식할 수 있는 유용한 동사 그룹에 대해 설명 드립니다.
주인 없는 문장의 주인인 '비인칭주어와 동사',
행위가 자기 자신에게 돌아가는 '재귀동사',
그리고 독특하게 '뗐다 붙였다 하는 분리동사'가
이번 과의 주인공입니다.
아울러 '명령문 만드는 법'은
덤으로 소개해 드리겠습니다.

Wir lieben uns sehr.

 ## 13-1. 독일어의 비인칭동사

영어의 '비인칭주어' **it**, 독일어에서는 **es** 가 그 역할을 합니다.
날씨, 시간, 기후, 계절 등을 표현할 때 주어로 사용하는 것이죠. 비인칭주어를 항상 동반하는 동사
들이 있습니다. 이름하여 비인칭동사인데요, 일상회화에 딱인 몇 가지를 소개합니다. 통째로 기억
해주십시오.

(**regnen** 비가 오다, **viel** 많은, **schneien** 눈이 오다, **der Tag** 날/일, **donnern** 천둥이 치다, **blitzen** 번개가 치다,
dunkeln 어두워지다, **immer** 항상, **mehr** 더욱/더)

Es regnet.
비가 온다.

Hier regnet es viel.
여기는 비가 많이 온다.

Es schneit seit zwei Tagen.
이틀째 눈이 온다.

Es donnert und blitzt.
천둥 번개가 친다.

Es dunkelt immer mehr.
점점 어두워진다.

sein 동사와 **werden** 동사로도 비인칭동사의 역할을 할 수 있습니다.

(**heiß** 뜨거운, **kalt** 차가운, **der Sommer** 여름, **die Uhr** 시/시계)

Es ist heiß.
날씨가 덥습니다.

Es wird kalt.
날씨가 추워집니다.

Es ist mir kalt.
나는 춥습니다.

Es ist Sommer.
여름입니다.

Es ist sechs Uhr.
6시입니다.

 ## 13-2. 우리에겐 하여튼 낯선 독일어 재귀동사!

'재귀대명사/동사' 란 행위가 자신에게 되돌아가는 것을 말하는데요, 솔직히 우리말 성서보는 자다가 생각해도 어색한 어법입니다. '나는 씻는다.' (우리말), '나는 나 자신을 씻는다.' (유럽어) 그럼에도 불구하고 유럽어에서는 중요한 부분이기 때문에 띄엄띄엄 보면 안 됩니다.

Ich wasche ihn.
나는 그를 씻깁니다.

Ich wasche mich.
나는 씻습니다.

재귀동사는 재귀대명사를 동반합니다. 재귀대명사는 인칭대명사의 3격/4격과 모양이 대부분 같습니다. 단 '3인칭과 2인칭존칭' 만 **sich** 입니다. (제06과 6-4의 인칭대명사표를 참고해주세요.) 인칭대명사표를 일일이 외우기보다는 자주 쓰는 표현을 통문장으로 외우는 것이 훨씬 '경제적인 학습법' 입니다. 재귀동사는 3격 또는 4격을 지배합니다.

(**freuen** 기쁘게 하다, **erkälten** 감기에 걸리다, **waschen** 씻기다, **die Hand** 손, **setzen** 앉히다, **die Bank** 벤치, **lieben** 사랑하다, **sehr** 매우)

Ich freue mich.
나는 기쁩니다.

Freust du dich?
너 기쁘니?

Ich erkälte mich.
나는 감기에 걸렸습니다.

Erkältest du dich?
너 감기 걸렸니?

Ich wasche mir die Hände.
나는 손을 씻습니다.

Wäschst du dir die Hände?
너 손 씻니?

Er setzt sich auf eine Bank.

그는 벤치 위에 앉습니다.

Wir lieben uns sehr.

우리는 서로 정말 사랑합니다.

재귀대명사가 복수형일 경우는 '서로서로' 의 뜻이 됩니다.
재귀 표현은 그저 습관처럼 입에 붙여 사용하는 것이 가장 원만한 해결책입니다. ^O^

 ## 13-3. 뗐다 붙였다, 독일어 분리동사!

replay, **rewind**, **return** 할 때 **re** 는 접두사입니다. '다시' 라는 뜻의 **re** 와 동사가 만나서 의미가 확장된 새로운 동사를 만들어낸 것이죠. 독일어에서도 이런 기능을 하는 요소를 '전철' 이라고 합니다. 전치사, 형용사, 동사 등으로 이루어진 다양한 전철이 동사와 만나 좀 더 확장된 개념의 새로운 단어를 만드는데, 이와 같은 종류를 '분리동사' 라고 합니다. 전철의 의미가 결합되기 때문에 동사의 의미를 대충 미루어 짐작할 수 있습니다.

wieder (다시) + **sehen** (보다) = **wiedersehen** (또 만나다)
mit (함께) + **gehen** (가다) = **mitgehen** (동행하다)
spazieren (거닐다) + **gehen** (가다) = **spazierengehen** (산책가다)

중요한 것은 독일어의 전철은 분리할 수 있다는 것입니다. 영어와 결정적으로 다른 부분이죠. 그리고 한 가지 더! 분리된 전철은 문장의 맨 뒤로 보내집니다.

(**aufstehen** 일어나다, **morgens** 아침에, **früh** 일찍, **ausgehen** 외출하다, **zurückkommen** 돌아오다, **heute** 오늘, **vorhaben** 계획하다, **etwas** 어떤 것/약간/무엇, **anrufen** 전화하다(4격지배동사), **die Nacht** 밤)

Ich stehe morgens früh auf.

나는 아침에 일찍 일어납니다.

Er geht mit Freunden aus.

그는 친구들과 함께 나갑니다.

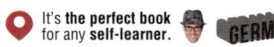

Sie kommt heute nicht zurück.
그녀는 오늘 돌아오지 않습니다.

Hast du heute etwas vor?
너 오늘 뭐 할거니?

Ich rufe dich heute nacht an.
내가 너한테 오늘 밤에 전화할게.

화법조동사 등이 오면서 본동사가 후치될 경우, 분리동사는 원형상태로 결합합니다. 그러니까 떨어져 있던 전철과 다시 하나가 되는 것이죠.

Ich muss morgens früh aufstehen.
나는 아침에 일찍 일어나야만 합니다.

Er will mit Freunden ausgehen.
그는 친구들과 나가려고 합니다.

다양한 전철들이 동사와 결합하면서 무수히 많은 동사가 만들어지고 의미가 확장됩니다. 한편으로 '비분리동사' 라는 것이 있습니다. 비분리동사의 전철은 추상적 의미여서 원래 동사에서 의미를 유추하기 어렵다는 특징이 있습니다. 대표적인 '비분리전철' 로는 **be**, **emp**, **ent**, **er**, **ge**, **miß**, **ver**, **zer** 가 있습니다.

(**besuchen** 방문하다, **verstehen** 이해하다, **erfüllen** 기입하다, **der Vertrag** 계약)

Ich besuche meinen Onkel.
나는 나의 삼촌을 방문합니다.

Verstehen Sie mich?
제 말 이해하시겠습니까?

Ich erfülle den Vertrag.
나는 양식을 기입합니다.

13-4. 독일어 명령문 만들기!

명령문이라고 해서 '진짜 사나이' 수준으로 생각하시면 안 됩니다.
편안한 사이에 편하게 청하는 것도 명령문입니다. 물론 큰소리로 절박하게 소리친다면 그것은 강한 명령문이 되겠지요. ·_· 명령문을 만드는 방법은 간단합니다.

1 규칙동사의 경우, 단수2인칭 (**du** 너)는 동사의 어간에 **-e** 를, 복수2인칭 (**ihr** 너희들)은 동사의 어간에 **-(e)t** 를 붙여주면 됩니다. 주어는 생략하고 문장 끝에 느낌표(!)를 붙여주면 됩니다.

2 존칭형 명령문의 경우에는 '동사의 원형 + **Sie**!' 하시면 됩니다.

(**warten** 기다리다, **antworten** 대답하다, **aufstehen** 일어나다(분리동사), **sagen** 말하다, **mal** 좀, **sofort** 즉시, **schlafen** 자다 **sprechen** 말하다, **auf Deutsch** 독일어로)

단수	복수	존칭형
Warte!	**Wartet!**	**Warten Sie!**
(너) 기다려!	(너희들) 기다려!	기다려 주십시오!
Steh auf!	**Steht auf!**	**Stehen Sie auf!**
일어나!	일어나!	일어나십시오!

Antworte mir!
내게 대답해!

Sag mal!
말 좀 해!

Sag nichts!
아무 것도 말하지 마!

Komm sofort!
당장 와!

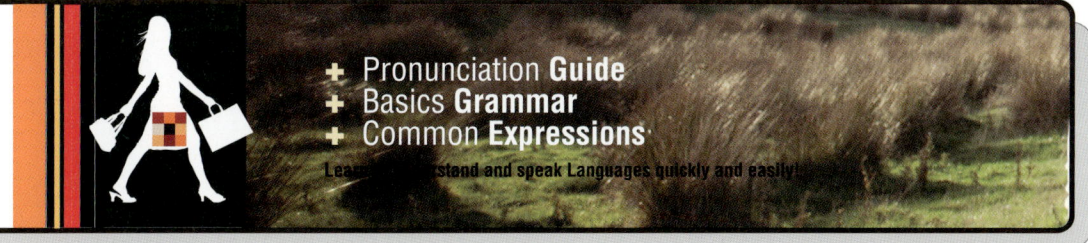

Schlaf gut!
잘 자!

Sprechen Sie auf Deutsch!
독일어로 말씀해주세요!

일상회화에서는 2인칭명령형 어미 **-e** 를 생략하기도 합니다. (**Stehe auf! = Steh auf!**)

❸ 불규칙동사, 그러니까 단수2/3인칭에서 모음 **e** 가 **i(e)** 로 변했던 동사들은 명령문에서도 변합니다. 같은 모양이라는 거죠.

(**geben** 주다, **gucken** 보다, **nehmen** 취하다(take), **lesen** 읽다)

Gib es ihm!
그것을 그에게 줘!

Guck mal!
봐봐!

Nimm das Buch und lies es!
그 책 가져와서 읽어!

❹ 마지막으로 '청유형명령문' 이라는 것이 있습니다.
'청하는 형태의 명령문' 이라는 뜻인데요, 가장 자주 사용하는 표현입니다
'동사원형 + **wir** ...!' (우리 ~합시다!)라고 하면 됩니다.
역시 간단하죠?

(**das Kino** 영화관)

Gehen wir ins Kino!
영화 보러갑시다!

Lernen wir Deutsch!
독일어를 배웁시다!

17

Lesson*
multi*
plus*

The best and quickest way
to communicate in a new language!

13+
Lektion 13. Multi+Plus

분리동사 100배 활용하는 독일어 여행회화!

동사가 강해야 독일어 회화가 딴딴해집니다. 동사를 많이 알면 그만큼 회화능력이 확장되고,
회화표현에 자신감이 생깁니다. 독일어의 다양한 동사 그룹들과 친해지면서
무럭무럭 자라나는 것이 회화실력이고요.

13-1+. 분리동사를 이용한 교통 관련 독일어 여행회화!

'분리동사' 가 특별히 많이 등장하는 부분이 대중교통 관련 회화입니다.
여러분의 독일 여행을 위해 한 몸 불사를 회화표현을 모두 모았습니다.

(*모두 분리동사. **abfahren** 출발하다, **ankommen** 도착하다)

Wann fährt der Zug ab?
기차는 언제 출발합니까?

Um wie viel Uhr fährt der Bus ab?
버스는 몇 시에 출발합니까?

Wann kommt der Zug in Köln an?
기차는 쾰른에 언제 도착합니까?

Wann kommt der Bus aus Berlin an?
베를린으로부터 오는 버스는 언제 도착합니까?

Wo fährt der Bus nach Hamburg ab?
함부르크 행 버스는 어디에서 출발합니까?

(*모두 분리동사. **einsteigen** 승차하다, **umsteigen** 환승하다, **aussteigen** 하차하다, **abfliegen** 이륙하다, **anfliegen** 착륙하다)

Wo kann ich einsteigen?
어디에서 승차할 수 있습니까?

Wo muss ich umsteigen?
어디에서 환승해야 합니까?

Muss ich umsteigen?
환승해야 합니까?

MULTI*PLUS

Wann soll ich aussteigen?

언제 하차해야 합니까?

Ich steige in München ein.

나는 뮌헨에서 승차합니다.

Ich steige in Dortmund aus.

나는 도르트문트에서 하차합니다.

Ich fliege von München um 12 Uhr ab.

나는 12시에 뮌헨으로부터 이륙합니다.

13-2+. 잘나가는 독일어 비인칭숙어!

만나면 제일 먼저 묻게 되는 안부인사,
Wie geht es Ihnen? (당신은 어떻게 지내세요?)의
'**es geht** + 3격' 이 대표적인 비인칭숙어입니다.

그밖에 정말 자주 사용하는 것으로는 영어의 **there is** ...에 해당하는 '**es gibt** + 4격' (~있다)와,
'**es gefällt** + 3격' (~의 마음에 들다) 그리고 '**es gehört** + 3격' (~에게 속한다)가 있습니다.

(**das Wörterbuch** 사전, **viel** 많은, **der Mensch** 사람/인류, **die Lösung** 해결책, **die Apotheke** 약국, **gut** 좋은,
das Heft 공책)

Wie geht es Ihnen?

어떻게 지내십니까?

Es geht mir gut.

잘 지내고 있습니다.

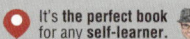

Es gibt ein Wörterbuch.
사전이 하나 있습니다.

Es gibt sehr viele Menschen.
정말 많은 사람들이 있습니다.

Es gibt keine Lösung.
해결책이 없습니다.

Gibt es hier eine Apotheke?
여기에 약국이 있습니까?

Wie gefällt es dir in Berlin?
베를린이 네 마음에 드니?

Es gefällt mir sehr gut.
내 마음에 정말 들어.

Das Heft gehört mir.
그 노트는 나에게 속합니다. (내 것입니다.)

Es gehört nicht ihm.
그것은 그에게 속하지 않습니다. (그의 것이 아닙니다.)

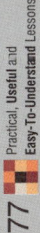

 본서가 현재 동사를 한 큐에 이어서 설명하지 않고 찌부락찌부락 뜨문뜨문 공부하는 이유는
여러분의 회화실력이 가장 효과적으로 증폭될 수 있는 지점을 찾아서 소개하고 있기 때문입니다.

MULTI*PLUS

Er wird an der Universität Heidelberg studieren.

14.
Lektion 14

독일어 과거와 미래를 말하다!
Er wird an der Universität Heidelberg studieren.
그는 하이델베르크 대학에서 공부할 것입니다.

독일어에는 6가지의 시제가 있습니다.
현재, 과거, 미래, 현재완료, 과거완료, 미래완료.
이 중에서 가장 많이 사용하는 시제는 현재와 현재완료입니다.
그다음으로 자주 사용하는 것은 '미래시제' 이고요.
그래서 가장 쉽게 만들 수 있는 미래형부터 시작해보도록 하겠습니다.

GERMAN

 ## 14-1. 독일과 여러분의 현재와 미래!

독일을 경험한 외국인들은 공통적으로 독일에 사는 동안은 빡빡하고 인정머리 없어 보이는 독일 시스템을 술안주로 삼곤 합니다. 하지만 훗날 각자의 모국으로 돌아가서는 '독일이 참 합리적이고 공정한 시스템의 나라구나!' 하고 이구동성으로 말합니다. 유학생도 독일 출신의 경우, 왠지 독일에 대한 고마움, 우호적인 느낌을 가지게 되어 프랑스 유학생과는 대조적인 반응을 보입니다. 프랑스 사람들이 좀 깍쟁이 같은 구석이 있어서 말이죠. 만약 여러분께서 현재 독일에 계신다면 아니면 가까운 미래에 독일을 방문하신다면 독일사회와 독일인들에 대해 좀 더 애정을 가지고 찬찬히 경험해 볼 필요가 있습니다. 분명 그럴 만한 가치가 있습니다.

 ## 14-2. 여러분의 독일어, 그리고 미래!

미래시제는 독일어 시제 중에 가장 호락호락한 형태입니다.

가장 쉽게 만들 수 있는 시제라는 얘기죠. '미래형 문장' 은 미래조동사 **werden** (~이 되다)만 있으면 됩니다. 그래서 공식은 '**werden** + 동사원형' 입니다. 이때 동사원형은 당연하게 문장 맨 끝에 위치해야 하고요.

일단 **werden** 이 불규칙동사인 관계로 현재인칭변화 형태를 알아보겠습니다.
단수 2/3인칭만 신경 쓰시면 되겠습니다. 나머지는 규칙변화이니까요.

ich	werde	wir	werden
du	wirst	ihr	werdet
er	wird	sie	werden

(**fleißig** 열심히, **das Konzert** 콘서트, **bald** 곧, **gewinnen** 이기다, **bleiben** 머물다, **die Universität** 대학교, **studieren** 연구하다/공부하다)

Ich werde Deutsch fleißig lernen.
나는 독일어를 열심히 공부할 것이다.

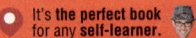

Ich werde ins Konzert gehen.
나는 콘서트에 갈 것입니다.

Er wird bald in Deutschland ankommen.
그는 곧 독일에 도착할 것입니다.

Wir werden gewinnen.
우리가 이길 것입니다.

Wie lange werden Sie hier bleiben?
여기에 얼마나 머무르실 것입니까?

Er wird an der Universität Heidelberg studieren.
그는 하이델베르크 대학에서 공부할 것입니다.

 14-3. 독일어 미래를 피하는 방법!

미래시제를 더욱 간단하게 표현하는 방법이 있습니다.

미래의 특정한 시간을 명시하면 미래조동사 **werden** 없이 현재형만으로도 미래를 표현할 수 있습니다. 실제로 **werden** 미래형보다는 현재형을 통해 미래를 표현하는 것이 더 일반적입니다.

(**nächst** 다음의, **die Woche** 주/주간)

Morgen gehe ich ins Konzert.
나는 내일 콘서트에 갑니다.

Er kommt am Montag in Deutschland an.
그는 월요일 날 독일에 도착할 것입니다.

Er kommt nächste Woche zurück.
그는 다음 주에 돌아올 것입니다.

 14-4. 독일어 동사의 3단 변신술!

지나간 일들을 말하려면 과거시제에 맞는 동사형이 필요합니다.

그래서 영어처럼 독일어도 '현재-과거-과거분사형' 이라는 3기본형이 있습니다.
'규칙동사의 과거-과거분사 만드는 법' 은 간단합니다.
과거형은 동사의 어간에 **-te** 를 붙여주면 되고, 과거분사는 어간을 중심으로 **ge-t** 를 붙여주면 됩니다. 그러니까 **machen** (만들다) 동사의 현재-과거-과거분사 3기본형은 **machen** - **machte** - **gamacht** 가 되는 것이죠.

lernen - lernte - gelernt　　　　　　(배우다)

lieben - liebte - geliebt　　　　　　(사랑하다)

arbeiten - arbeitete - gearbeitet　　(일하다)

arbeit 처럼 어간이 치음으로 끝나는 경우는 발음을 편하게 하기 위해서 어간과 시제어미 사이에 **-e** 를 넣어 사용합니다.

'불규칙동사의 과거-과거분사 만드는 법' 은 살짝 고민이 필요합니다.

불규칙동사의 경우, 어간 모음이 바뀌면서 불규칙한 형태가 됩니다.
8~9가지의 다양한 변화 방식이 존재합니다만, 이걸 다 외우실 필요는 없고요,
주요동사가 나올 때마다 그때그때 암기해 두는 것이 제일 좋습니다.
(예 : **trinken** - **trank** - **getrunken** 마시다)

그리고 영어처럼 독일어 사전도 부록 부분에 '동사의 3기본형' 표를 마련해두고 있습니다.
(사실 잘 사용하지 않는 동사의 과거분사형은 독일인들도 모르걸랑요. ㅋㅋ)

 핫팁!
동사의 인칭변화, 과거, 분사형은 온라인 **www.verbix.com** 사이트에서
확인하실 수 있습니다.

kommen - kam - gekommen   (오다)

gehen - ging - gegangen   (가다)

lesen - las - gelesen   (읽다)

sehen - sah -gesehen   (보다)

denken - dachte - gedacht   (생각하다)

bringen - brachte - gebracht   (가져오다)

그리고 '분리동사' 의 경우는 과거분사형을 만들 때, 분리전철과 어근 사이에 **-ge-** 가 들어갑니다.
(예 · **aufstehen stand auf - aufgestanden** 일어서나)

'비분리동사' 의 경우는 과거분사에 접두어 **ge** 가 붙지 않습니다.
(예 : **bekommen - bekam - bekommen** 받다)

가장 중요한 불규칙동사는 다음의 3가지입니다. 얘네들은 꼭 알고 가셔야 합니다.

sein - war - gewesen   (~이다)

haben - hatte - gehabt   (가지다)

werden - wurde - geworden   (될 것이다)

 14-5. 당신의 '과거'가 궁금해!

사실 독일어에서 '과거시제'는 특별한 경우 외에는 잘 사용하지 않습니다.

일상의 회화는 현재완료로 모두 해결하며, 과거시제는 문학작품이나 보도기사 또는 역사적 사실을 기술하는 경우에만 볼 수 있는 시제입니다. 때문에 여러분께서는 '이것이 과거시제구나~!' 정도로만 알고 계시면 될 것 같습니다. 한번 훅 훑어주시고 넘어가는 걸로!!

'과거시제를 만드는 법'은 동사의 과거형을 다음과 같이 '인칭변화' 시켜주시면 됩니다.

	machen	kommen	sehen
ich	machte	kam	sah
du	machtest	kamst	sahst
er	machte	kam	sah
wir	machten	kamen	sahen
ihr	machtet	kamt	saht
sie	machten	kamen	sahen

방식은 과거형, 그러니까 어근-**te**에 '인칭별어미'를 붙이면 되는데요, 1/3인칭은 그대로이고, 2인칭에 -**st**, 복수1/3인칭에 -**en**, 복수2인칭에 -**t**를 붙여주면 됩니다.

그리고 다음은 꼭 알아야 하는 대표적인 불규칙 동사 3인방의 '과거인칭변화형' 입니다. 다른 동사들의 과거형은 몰라도 불편이 없지만 다음의 3가지는 익숙해지는 게 좋습니다. 변화는 역시 같은 방식으로 2인칭에 -**st**, 복수1/3인칭에 -**en**, 복수2인칭에 -**t**가 붙습니다.

	sein	haben	werden
ich	war	hatte	wurde
du	warst	hattest	wurdest
er	war	hatte	wurde
wir	waren	hatten	wurden
ihr	wart	hattet	wurdet
sie	waren	hatten	wurden

(**der Wald** 숲, **das Schneewittchen** 백설공주, **sieben** 7, **der Zwerg** 난장이, **hören** 듣다, **die Musik** 음악, **das Rotkäppchen** 빨간모자소녀, **die Großmutter** 할머니, **der Wolf** 늑대, **stark** 강한, **wohnen** 살다, **das Jahr** 해/년)

Hänsel und Gretel gingen in den Wald.

헨젤과 그레텔은 숲으로 들어갔다.

Schneewittchen und die sieben Zwerge hörten Musik.

백설공주와 일곱난장이들은 음악을 들었다.

Rotkäppchen wollte zu ihrer Großmutter gehen.

빨강모자소녀는 그녀의 할머니에게 가려고 했다.

Der Wolf war groß und stark.

늑대는 크고 사나웠다.

Albert Einstein wohnte seit 16 Jahren in München.

알베르트 아인슈타인은 16년간 뮌헨에 거주했다.

Lesson*
multi*
plus*

The best and quickest way
to communicate in a new langdage!

14+
Lektion 14. Multi+Plus
이번에 독일 가실 분을 위한 교통편 여행회화 모음전!

14-1+. 독일 시내관광을 위한 교통편 회화 모음전!

줄 맞춰 몰려다니는 여행은 이제 그만!
조금 더 여유롭고, 그리고 무엇보다도 인상에 남는 여행을 만들려면 '독고다이 뚜벅이 여행이 왔다 입니다!' 여러분의 발로 만드는 여행, 기대하고 있겠습니다!

1 독일 기차 이용하기!

Wo ist der Fahrkartenschalter?
승차권 판매소는 어디입니까?

추천 : **der Fahrkartenschalter** (승차권 판매소), **die U-Bahn Station** (지하철역), **der Bahnhof** (기차역), **der Bahnsteig** (승강장), **der Eingang** (입구), **der Ausgang** (출구), **die Bushaltestelle** (버스정류장), **der Taxistand** (택시승차장)

Wo muss ich einsteigen?
어디에서 승차합니까?

추천 : **einsteigen** (승차하다), **umsteigen** (환승하다), **aussteigen** (하차하다)

Fährt dieser Zug nach Bahnhof Königsplatz?
이 기차 쾨니히스플라츠 역에 갑니까?

2 독일 버스 이용하기!

독일 시내버스는 정류장의 도착시간표에 맞춰 소름끼칠 정도로 정확하게 운행합니다.
탑승 시 요금을 현금으로 냅니다. 행선지를 말하면 기사님이 요금을 알려주고요. (기본요금은 3.0~5.0 **Euro**. 2013년 기준) 독일에서는 버스 탈 때, 줄 안 서는 게 일반적입니다.

(**die Tageskarte** 1일권)

Wo ist die Bushaltestelle für den Alexanderplatz?
알렉산더 광장 가는 버스정류장은 어디입니까?

Eine Tageskarte, bitte.
1일권 한 장 주십시오.

Ich steige aus.
저 내립니다.

 독일 택시 이용하기!

독일 택시요금은 도시마다 다 다릅니다. (2.5~5.0 **Euro**. 베를린의 경우 기본요금이 3.1 **Euro**이고, **1km** 에 1.82 **Euro** 추가. 2013년 기준) 요금이 백미러에 표시되는 택시도 있습니다. (독일 택시는 벤츠가 가장 많고 간간히 포르쉐 택시도 볼 수 있어용. 홍홍)

(**der Flughafen** 공항, **bringen** 가져오다, **die Adresse** 주소, **eilig** 급한, **halten** 멈추다, **kosten** 값이 나가다, **der Rest** 나머지)

Zum Flughafen, bitte.
공항으로 가주십시오.

Bringen Sie mich bitte zu dieser Adresse.
저를 이 주소로 데려다 주세요.

Ich habe es eilig.
저 급합니다. (빨리 좀 가주세요.)

Bitte halten Sie hier.
여기에 세워주세요.

Was kostet das?
얼마입니까?

Danke, der Rest ist für Sie.
고맙습니다, 잔돈은 가지세요.

Practical, **Useful** and Easy-To-Understand Lessons!

188

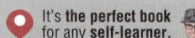

14-2+. 쓸 때 많은 독일어 시간 관련 표현 모음!

독일어 회화에 피가 되고 살이 되는 시간 표현, 그 중에서도 알짜배기만 싹 다 모았습니다.

(**die Unterrichtsstunde** 수업시간, **regnen** 비가 오다, **hierher** 여기로)

gestern 어제	**heute** 오늘	**morgen** 내일
vormittags 오전에	**mittags** 낮에	**nachmittags** 오후에
jetzt 지금	**ab jetzt** 지금부터	**bis jetzt** 지금까지
ab und zu 때때로	**oft** 자주	**immer** 항상
tagelang 며칠 동안	**monatelang** 몇 달 동안	**jahrelang** 수년간
sofort 즉시	**bald** 곧	**endlich** 마침내

Ich fahre morgen mit dem Auto nach Paris.
나는 내일 자동차로 파리에 갑니다.

Er hat nachmittags drei Unterrichtsstunden.
그는 오후에 3시간 수업이 있습니다.

Sie geht ab und zu ins Kino.
그녀는 때때로 영화관에 갑니다.

Es regnet tagelang.
며칠째 비가 내립니다.

Komm sofort hierher!
당장 이리로 와!

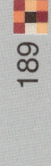

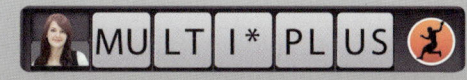

Lektion

15

Ist Son Heung Min in Hamburg geblieben?

15.
Lektion 15
여러분의 독일어 시제가 완료됩니다!
Ist Son Heung Min
in Hamburg geblieben?
손흥민 (선수)는 함부르크에 머뭅니까?

뭐니뭐니해도 독일어에서 가장 많이 사용하는 시제는
현재와 현재완료입니다.
그래서 우리의 관심은 이제 현재완료시제에 꽂히게 됩니다.
현재완료만 알면
독일어 시제는 일단 '접수완료' 되었다고 보시면 됩니다.

GERMAN

Ist Son Heung Min
in Hamburg geblieben?

From **basic greetings** and **expressions** to **grammar** and **conversations**!

 ## 15-1. 독일인과의 관계는 숙성!

독일인에 대한 첫인상은 좀 과장해서 '거만하거나 싸가지 없거나'.
독일 사람의 무뚝뚝함, 살갑지 않음, 무표정한 얼굴은 그들의 의도와 관계없이 우리에게는 '쌀쌀
맞게' 로 보입니다. 그렇지만 속사정은 좀 다릅니다. '아직 서로 잘 모르는 사이인데 괜히 친한척하
는 건 오바 아닌가?' 라고 생각하는 것이 평균적인 독일인의 생각이기 때문이죠. 사람과의 관계는
모젤 와인이나 맥주의 효모처럼 아니면 뉘른베르크의 소시지처럼 충분한 숙성의 시간이 필요하다
고 생각하는 것이 바로 독일식 정서입니다. 우리와 달리 관계가 완성되려면 시간 좀 걸리죠.

 ## 15-2. 완료시제는 복합시제다!

독일어에서 가장 많이 사용하는 시제는 단연, 현재와 현재완료입니다.
현재시제와 현재완료시제 중에서도 현재완료를 일상에서 훨씬 많이 사용하고요.
독일어의 현재완료는 간단히 말해 '~를 했다' 라는 뉘앙스입니다. 이미 완료된 사건이나 상태를 표
현하는 것이죠. 독일어의 현재완료는 영어와 비교했을 때 보다 더 과거에 있었던 행위, 사건에 중점
을 둡니다. (영어는 현재의 상태에 보다 더 주목함.)

독일어의 완료시제는 두 가지 표현법이 있습니다.
haben + p.p (과거분사형)과 **sein** + p.p 가 그것인데요, 완료시제를 만들기 위해선 시제용 조동사
haben 또는 **sein** 이 필요하고 동사가 복합적으로 요구되기 때문에 '복합시제' 라고 부릅니다. 이
때 역시 본래 있던 동사의 과거분사형은 문장의 맨 끝에 위치하게 되죠.

 ## 15-3. 독일어 현재완료 만드는 방법!

현재완료는 이미 완료된 동작, 결과, 경험 등을 표현합니다.
독일어의 완료시제를 만드는 데는 'haben 이냐? sein 이냐?' 가 관건입니다.

Ich habe Kaffee getrunken.
나는 커피를 마셨습니다.

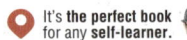

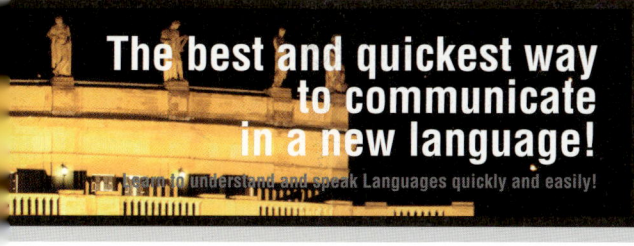

Ich bin nach Berlin gefahren.

나는 베를린으로 갔습니다.

 15-4. **sein** + **p.p** 로 만드는 경우!

먼저 **sein** + **p.p** 현재완료의 경우부터 설명 드리겠습니다.
그 나머지 경우는 자동적으로 **haben** + **p.p** 가 될 테니까요.

① **sein**, **bleiben**, **werden** 동사는 **sein** 과 결합!

sein 동사를 **sein** 동사가 책임지는 것은 당연한 것이고, 이와 함께 **bleiben** (머물다)의 **wcrden** (되다)도 완료시제를 **sein** 동사가 챙깁니다.

Ich bin in Berlin gewesen.

나는 베를린에 있었습니다.

Ist Son Heung Min in Hamburg geblieben?

손흥민 (선수)는 함부르크에 머뭅니까?

Er ist Lehrer geworden.

그는 선생님이 되었습니다.

② 장소의 이동을 나타내는 동사는 **sein** 과 결합!

kommen (오다), **gehen** (가다), **fahren** (차 타고가다), **steigen** (오르다), **laufen** (달리다) 등의 동사들이 해당되겠죠?
(**die Stadt** 도시, **fliegen** 날아가다, **pünktlich** 정확하게, **der Dieb** 도둑, **das Fenster** 창문)

Er ist in die Stadt gefahren.

그는 도시로 차를 타고 갔습니다.

Sie ist nach Deutschland geflogen.
그녀는 독일로 날아갔습니다.

Der Zug ist pünktlich abgefahren.
기차는 정시에 떠났습니다.

Der Dieb ist durchs Fenster eingestiegen.
도둑이 창문으로 들어갔습니다.

Das Kind ist ins Haus gelaufen.
아이는 집으로 달려갔습니다.

❸ 상태의 변화를 나타내는 동사는 **sein** 과 결합!

einschlafen (잠들다), **erwachen** (깨어나다), **erkranken** (병나다), **verschwinden** (사라지다), **sterben** (죽다) 등이 대표적입니다.

(**lang** 긴, **der Traum** 꿈, **der Großvater** 할아버지, **der Krebs** 암, **plötzlich** 갑자기, **der Soldat** 군인, **letzt** 마지막의/최근의)

Das Kind ist eingeschlafen.
아이는 잠들었습니다.

Sie ist aus einem langen Traum erwacht.
그녀는 긴 꿈에서 깨어났습니다.

Sein Großvater ist an Krebs erkrankt.
그의 할아버지는 암에 걸렸습니다.

Sie ist plötzlich verschwunden.
그녀는 갑자기 사라졌습니다.

Der Soldat ist letztes Jahr gestorben.
그 병사는 작년에 죽었습니다.

Practical, **Useful** and
Easy-To-Understand Lessons!

194

The best and quickest way to communicate in a new language!

Learn how to understand and speak Languages quickly and easily!

Pronunciation **Guide**
+ Basics **Grammar**
+ Common **Expressions**

 그리고 몇몇 3격지배동사는 **sein** 과 결합!

3격목적어를 필요로 하는 동사들이 있습니다.
이런 동사들은 (대표적으로 약 8개) 완료형에서 **sein** 과 결합합니다.
folgen (따르다), **begegnen** (만나다), **geschehen** (일어나다), **gelingen** (이루다), **misslingen** (실패하다) 등이 있습니다. 이 정도만 아시면 되고요.

Die Frau ist dem Mann gefolgt.
그 여자는 그 남자를 따랐습니다.

Ich bin ihr gestern begegnet.
나는 그녀를 어제 만났습니다.

Was ist hier geschehen?
여기 무슨 일이 있어났습니까?

15-5. **haben** + **p.p** 로 만드는 경우!

앞서 말씀드린 것처럼 **sein** 과 결합하는 이외에는 모두 **haben** + **p.p** 입니다.
좀 더 쉽게 **haben** 과 결합하는 경우를 구별하는 방법이 있습니다.
한눈에 딱 보고 찾아낼 수 있는 방법을 소개해 드리겠습니다.

 타동사 (4격 목적어) 문장

타동사 문장, 그러니까 목적어(4격)이 있는 문장은 **haben** 과 결합합니다.
우리가 사용하는 대부분의 완료형은 타동사 문장의 **haben** + **p.p** 입니다.

(**die Katze** 고양이, **der Film** 영화, **schon** 이미, **anrufen** 전화하다, **der Stuhl** 의자, **besuchen** 방문하다)

Ich habe eine Katze gehabt.
나는 고양이를 가지고 있었습니다.

Haben Sie den Film gesehen?
당신은 그 영화를 보셨습니까?

Ich habe das Buch schon gelesen.

나는 그 책을 이미 읽었습니다.

Ich habe dich gestern angerufen.

나 어제 너한테 전화했었어.

Die Mutter hat das Kind auf den Stuhl gesetzt.

어머니는 아이를 의자 위에 앉혔습니다.

Ich habe ihn besucht.

나는 그를 방문했습니다.

❷ 화법조동사가 있는 문장

'화법조동사', 눈에 확 들어오는 문장 요소입니다.
화법조동사가 있다면 무조건 **haben** 과 결합합니다.
중요한 점은 화법조동사는 과거분사(**p.p**) 형태가 아니고 원형을 가지고 완료형을 만든다는 것입니다. 때문에 결과적으로 원형이 2개가 줄을 서는 상황인데요, '원형들의 행진' 으로 기억하시면 좋겠습니다. 단 화법조동사가 본동사로 쓰였을 경우라면 그때는 과거분사형으로 써야 하고요.

Wir müssen in die Stadt gehen. (현재형)
Wir haben in die Stadt gehen müssen. (현재완료형)
Wir haben in die Stadt gemusst. (본동사)

(**früher** 일찍, **später** 늦게, **fleißig** 열심히)

Ich habe früher kommen können.

나는 일찍 올 수 있었습니다.

Er hat später kommen wollen.

그는 늦게 오려고 했습니다.

Sie hat fleißig lernen müssen.

그녀는 열심히 공부해야 했습니다.

Practical, Useful and Easy-To-Understand Lessons!

 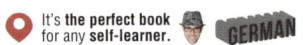

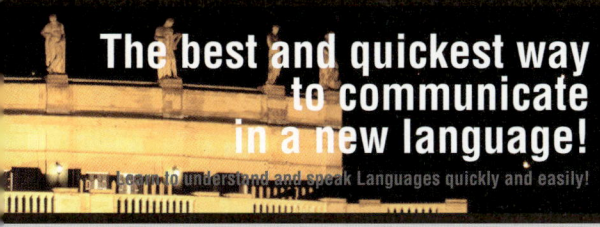

참고 : 화법조동사의 '현재 - 과거 - 과거분사'

können - konnte - gekonnt   **müssen - musste - gemusst**
wollen - wollte -gewollt   **sollen - sollte - gesollt**
dürfen - durfte - gedurft   **mögen - mochte - gemocht**

Ich habe Deutsch gekonnt.
나는 독일어를 할 수 있었습니다.

Er hat nicht nach Deutschland gewollt.
그는 독일 행을 원하지 않았습니다.

❸ 재귀동사(재귀대명사)

문장에서 재귀대명사가 보인다면 바로 **haben** + **p.p** 를 떠올리세요.

(**schwer** 어려운, **erkälten** 감기 걸리다, **neben** 옆에, **setzen** 앉히다)

Er hat sich schwer erkältet.
그는 심하게 감기에 걸렸습니다.

Sie hat sich neben mich gesetzt.
그녀는 내 옆에 앉았습니다.

❹ 비인칭동사(비인칭주어) 대부분

날씨, 기후, 비인칭 숙어 등 비인칭주어 **es** 가 들어가는 문장은 **haben** 과 결합합니다.

(**regnen** 비가 오다, **das Erdbeben** 지진, **geben** 주다)

Es hat letzte Nacht geregnet.
지난밤에 비가 내렸습니다.

Es hat gestern ein Erdbeben gegeben.
어제 지진이 있었습니다.

Practical, **Useful** and
Easy-To-Understand Lessons!

LESSON
MUTI*
PLUS*

The best and quickest way
**to communicate
in a new language!**

198

Practical, **Useful** and
Easy-To-Understand Lessons!

15+
Lektion 15. Multi+Plus
독일어 현재완료 복습 및 과거완료 맛보기!

MAXIMILIAN
CHURFUERST
VON BAYERN

+ Pronunciation **Guide**
+ Basics **Grammar**
+ Common **Expressions**

LESSON
MULTI*
PLUS

Learn to understand and speak Languages quickly and easily!

15-1+. 지금까지 배운 각과 제목을 독일어 현재완료형으로 바꿔보세요!

무조건 많은 문장을 공부하는 것보다 알고 있는 문장을 자유자재로 구사하는 것이 외국어 실력을 다지는데 더욱 효과적입니다. 한 문장을 오도독 오도독 씹어서 여러분의 독일어 골격으로 만드십시오. 자! 그래서 이번에는 제4과부터 13과까지 10개 과의 제목(주요문장)을 현재완료형으로 바꾸어 보는 시간을 마련했습니다.

 핫팁!
동사의 인칭변화, 과거, 과거분사형은 **www.verbix.com** 사이트에서 확인하시면 됩니다.

제04과 :
Ich bin Gangdduk Stil.
➡ **Ich bin Gangdduk Stil gewesen.**
나는 강뚝 스타일이었습니다.

: **sein**, **werden**, **bleiben** 은 완료시제에서 **sein** 지배입니다.

제05과 :
Ja, solche suche ich.
➡ **Ja, solche habe ich gesucht.**
그래. 난 그런 여자를 찾고 있었어.

: 타동사(목적어를 동반하는 동사)는 완료시제에서 **haben** 지배입니다.

제06과 :
Sein Onkel schreibt deiner Tante eine E-Mail.
➡ **Sein Onkel hat deiner Tante eine E-Mail geschrieben.**
그의 삼촌은 너의 이모에게 메일을 썼습니다.

제07과 :
Hast du die Adresse des Mannes?
➡ **Hast du die Adresse des Mannes gehabt?**
너 그 남자 주소 있었니?

제08과 :

Ich kann Deutsch sprechen.

➜ Ich habe Deutsch sprechen können.

나는 독일어를 할 수 있었습니다.

: 화법조동사는 완료시제에서 **haben** 지배이며, 화법조동사는 원형으로 문미로 보내집니다.

제09과 :

Während des Urlaubs bleibe ich in Berlin.

➜ Während des Urlaubs bin ich in Berlin geblieben.

휴가기간 동안 나는 베를린에 머물렀습니다.

제10과 :

Sie geht ins Badezimmer.

➜ Sie ist ins Badezimmer gegangen.

그녀는 욕실 안으로 갔습니다.

: 장소의 이동을 나타내는 동사는 완료시제에서 **sein** 지배입니다.

제11과 :

Sie trägt das schöne rote Kleid.

➜ Sie hat das schöne rote Kleid getragen.

그녀는 예쁜 빨간색 옷을 입고 있었습니다.

제12과 :

Du singst besser als Beyoncé.

➜ Du hast besser als Beyoncé gesungen.

너는 비욘세보다 노래를 더 잘 불렀다.

제13과 :

Wir lieben uns sehr.

➜ Wir haben uns sehr geliebt.

우리는 정말 서로 사랑했습니다.

: 재귀동사(재귀대명사 수반 동사)는 완료시제에서 **haben** 지배입니다.

오홋!! 어떠세요? 여러분의 독일어 근육이 좀 더 딴딴해지는 느낌이 드시나요! ㅎㅎ

15-2+. 참고적으로 독일어 과거완료 만드는 방법!

과거완료를 일상에서 그리 자주 사용하진 않습니다.

물론 반드시 사용해야 하는 경우가 있습니다. 과거에 완료된 사건을 말할 때죠.
만드는 방법은 간단합니다. 현재완료형을 만들던 방식 그대로에 **haben** 의 과거 + **p.p**, 또는 **sein** 의 과거 + **p.p**, 그러니까 **hatte** + **p.p**, 또는 **war** + **p.p** 로 만들면 됩니다.

(**ankommen** 도착하다, **abfahren** 출발하다, **heiraten** 결혼하다, **wieder** 다시)

haben 의 과거 + **p.p** (과거분사형)
sein

Als ich am Bahnhof ankam, war der Zug schon abgefahren.
역에 도착했을 때, 기차는 이미 떠났습니다.

예문에서처럼 종속절과 주절의 시간차가 분명할 경우에 과거완료를 사용합니다.
접속사(**als** : ~했을 때, **nachdem** : ~한 이후에)로 시작된 종속절이 주절과 시간적으로 차이가 있는 경우, 한 시제 앞선 시간 즉 과거완료로 표현해야 합니다. (현재형일 경우는 현재완료로 표현합니다.)

종속절과 종속접속사에 대해서는 다음 과에서 자세히 만나보도록 하겠습니다.

Nachdem er gestorben war, heiratete sie wieder.
그가 죽은 뒤에, 그녀는 재혼했습니다.

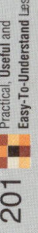

Practical, **Useful** and
Easy-To-Understand Lessons!

202

16.

Lektion 16
여러분의 독일어가 와장창 길어지는 종속접속사!
Ich weiß, dass er Onami liebt.
나는 그가 오나미를 사랑한다는 것을 압니다.

독일어 종속접속사를 배우면 뭐가 좋을까요?
여러분의 독일어에 어떤 영양가가 있는지 생각해보면,
'종속접속사' 는 여러분의 독일어에 논리를 장착해 드릴 수 있습니다.
문장과 문장을 논리적으로 연결해 주면서
독일어가 풍성해지는 요소가 바로 종속접속사입니다.
그래서 준비했습니다. 문장이 길어지는 이유, 종속접속사입니다!

 ## 16-1. 독일인은 정리정돈의 달인!

독일 사람들은 거의 모든 집집마다 계약서, 양식, 세금계산서 등등의 각종 서류를 파일에 보관하여 주우욱 책장에 꼽아서 보관합니다. 마치 대백과사전 전집을 방불케하는 장면이 어느 집에서나 연출되죠. 종이 쪼가리가 이럴진대 딱딱한 물건들은 오죽하겠습니까? 양념통에서 창고의 공구에 이르기까지 정리와 정돈에 한 목숨 내다 건다고나 할까요? '정리정돈의 달인' 이 전국 방방곡곡을 빼곡히 메우고 있는 나라가 바로 독일입니다.

 ## 16-2. 문장을 정돈하라! 독일어 접속사들!

독일어의 접속사는 '대등접속사' 와 '종속접속사' 가 있습니다.

'대등접속사' 는 **und** (그리고), **aber** (그러나), **oder** (혹은), **denn** (왜냐하면)이 있습니다.
대등접속사는 접속사를 중심으로 좌우의 요소가 대등하게 놓인다는 뜻이고,
아울러 어순에는 전혀 영향을 미치지 않습니다. 없는 듯 있는 것이 대등접속사죠.

반면 종속접속사는 종속절을 만들어 주절과 연결하는 역할을 합니다.
그러니까 주가 되는 문장과 이에 부속하는 문장이 종속적인 관계로 정돈된다는 것입니다.
종속절에서는 동사가 '후치' 됩니다. 종속절이 어떤 것인지 한눈에 밝혀지는 증거죠.
아울러 종속절이 주절 앞에 위치할 때 주절의 동사는 '도치' 됩니다.
주어 아닌 요소가 동사 앞에 왔으니 당연한 조치겠죠.
자! 그러면 여러분의 독일어에 논리를 정돈해주는 종속접속사, 시작해 보겠습니다.

(**der Hunger** 배고픔, **der Durst** 갈증, **arm** 가난한, **leben** 살다, **glücklich** 운 좋은, **zum Arzt gehen** 병원에 가다)

Er hat Hunger und er hat Durst.
그는 배고프고 갈증 났습니다.

Er ist arm aber er lebt glücklich.
그는 가난하지만 행복하게 삽니다.

Er kommt nicht, denn er ist krank.
그는 오지 않습니다, 왜냐하면 아프기 때문입니다.

Er geht heute oder morgen zum Arzt.
그는 오늘 또는 내일 병원에 갑니다.

16-3. 독일어 종속접속사 베스트 11!

종속접속사 하나를 안다는 것은 어떤 상황에 대해 이야기할 수 있는 가장 중요한 고리를 안다는 것과 같습니다. 그래서 준비했습니다! 이 세상에서 가장 열심히 뛰는 독일어 종속접속사 '베스트 일레븐' 입니다.

(**wissen** 알다, **das Fieber** 열기, **das Geld** 돈, **das Wetter** 날씨, **spazierengehen** 산책가다, **alles** 모든 것, **der Kindergarten** 유치원, **fernsehen** TV를 보다, **ins Bett gehen** 잠자러 가다, **entspannen** 긴장을 풀다, **der Krimi** 추리소설)

1 **dass** (~하다는 것을) :

영어의 **that** 처럼, 주어나 목적어 역할을 하는 부문장을 이끕니다.

Ich weiß, dass er Onami liebt.
나는 그가 오나미를 사랑한다는 것을 압니다.

2 **ob** (~인지 아닌지)

Ich weiß nicht, ob er kommt oder nicht.
나는 그가 올지 안 올지 모릅니다.

3 **da** (~때문에)

Da er krank ist, kommt er heute nicht.
그는 아프기 때문에 오늘 오지 않습니다.

4 **weil** (왜냐하면)

Ich arbeite heute nicht, weil ich Fieber habe.
열이 있어서 나는 오늘 일하지 않습니다.

Practical, **Useful** and
Easy-To-Understand Lessons!

⑤ **obwohl** (비록 ~일지라도)

Er ist nicht glücklich, obwohl er viel Geld hat.
돈이 많음에도 불구하고 그는 행복하지 않습니다.

⑥ **wenn** (~만약에, ~했을 때) : 현재나 미래, 또는 과거의 반복적인 사건의 경우

Wenn das Wetter schön ist, gehen wir spazieren.
만약에 날씨가 좋으면 우리는 산책을 갑니다.

⑦ **als** (~했을 때) : 과거 1회적인 행위나 사건이 발생한 시간을 표현할 경우에 사용합니다.

Als ich jung war, spielte ich nur Fußball.
어렸을 때 나는 오직 축구만 했다.

⑧ **als ob** (마치 ~인 것처럼)

Sie spricht, als ob sie alles weiß.
그녀는 마치 모든 것을 아는 것처럼 말한다.

⑨ **bevor** (~하기 전에)

Bevor sie zur Arbeit geht,
bringt sie das Kind in den Kindergarten.
그녀는 직장에 가기 전에 아이를 유치원에 데려다 줍니다.

⑩ **nachdem** (그다음에)

Nachdem ich ferngesehen habe, gehe ich ins Bett.
나는 **TV**를 보고 난 다음에 자러 갑니다.

 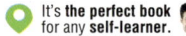

+ Pronunciation **Guide**
+ Basics **Grammar**
+ Common **Expressions**
Learn to understand and speak Languages quickly and easily!

⑪ indem (~하면서)

Ich entspanne mich, indem ich einen Krimi lese.
나는 추리소설을 읽으면서 긴장을 풉니다.

 16-4. 전치사의 재활용, 독일어 종속접속사!

nachdem (그다음에), **trotzdem** (그럼에도 불구하고) 처럼 전치사에 **dem** 이 붙은 형태의 종속접속사가 있는가 하면 전치사 모양 그대로 종속접속사가 된 경우도 있습니다. 같은 모습이라고 하더라도 절의 맨 앞에 위치하면서 동사를 후치시키고 있다면 그땐 종속접속사로 판단해야겠죠!

(**trauen** 믿다, **die Küche** 부엌, **kochen** 요리하다)

① bis (~까지)

Bis sie zurückkommt, werde ich hier warten.
그녀가 돌아올 때까지 나는 여기서 기다릴 것입니다.

② seit (~한 이래)

Seit ich von ihr alles weiß, traue ich ihr nicht mehr.
그녀에 대해 모든 것을 알고서 나는 더 이상 그녀를 믿지 않습니다.

③ während (~하는 동안에)

Die Frau liest die Zeitung,
während der Mann in der Küche kocht.
남자가 부엌에서 요리하는 동안에, 여자는 신문을 읽습니다.

16-5. 독일어의 **zu** 부정사, 딱! 영어의 '**to** 부정사'

zu 는 영어의 **to** 와 많이 닮았습니다.

독일어의 **zu** 는 3가지 용법이 있습니다. 하나는 이미 학습하신 전치사 '~에게/로', 또 하나는 영어의 **too** 에 해당하는 강조의 의미 '너무' 가 있습니다.

Komm zu mir!
나에게 와!

Ich habe gestern nacht zu viel getrunken.
나 어젯밤에 너무 많이 마셨어.

세 번째는 영어의 '**to** 부정사' 용법에 해당하는 '**zu** 부정사' 입니다.

'**zu** 부정사' 가 중요한 이유는 '**zu** 부정사' 가 주어나 목적어 등 문장의 주요 기능을 담당할 수 있기 때문입니다. 아울러 '**zu** 부정사' 는 명사구, 형용사구, 부사구를 만들어 문장의 의미를 더욱 풍부하게 확장시킬 수가 있습니다.

자! 그러면 '**zu** 부정사' 의 다양한 맛을 즐겨 볼까요?

(**unmöglich** 불가능한, **die Chance** 기회, **der Beruf** 직업, **der Kurs** 과정/코스)

① '**zu** 부정사' 가 주어, 목적어로 쓰이는 경우

Deutsch zu lernen ist nicht schwer.
독일어를 배우는 것은 어렵지 않습니다.

Er beginnt Deutsch zu lernen.
그는 독일어 배우는 것을 시작합니다. (그는 독일어를 배우기 시작합니다.)

 영어의 **it ~ to** 부정사 용법

영어의 '**it ~ to** 부정사' 용법처럼 독일어도 **es ~ zu** 부정사 용법이 있습니다. 이때 **es** 는 '가짜 주어' 가 되는 것이고 **zu** 부정사가 문장의 '진짜 주어' 가 되는 구조입니다.

Es ist nicht schwer, Deutsch zu lernen.
독일어를 배우는 것은 어렵지 않습니다.

Es ist unmöglich, in einer Woche Deutsch zu lernen.
1주일 안에 독일어를 배우는 것은 불가능합니다.

③ **haben zu** 부정사 **& sein zu** 부정사

'**have to** 부정사' (~해야 한다)와 '**be to** 부정사' (~될만하다)처럼 사용될 수도 있습니다.

Ich habe Deutsch zu lernen.
나는 독일어를 배워야 합니다.

Deutsch ist nicht schwer zu lernen.
독일어는 어렵지 않게 학습될 수 있습니다.

④ 그 밖의 유용한 **zu** 부정사 용법 2가지!

um zu 부정사 (~하기 위해서)

Ich lerne Deutsch, um mehr Chancen im Beruf zu haben.
직업에서 좀 더 많은 기회를 얻기 위해 나는 독일어를 배웁니다.

ohne zu 부정사 (~함이 없이)

Ich lerne Deutsch, ohne einen Kurs zu besuchen.
나는 강좌를 다니지 않고 독일어를 배웁니다.

Lesson* multi* plus*
The best and quickest way to communicate in a new language!

16+
Lektion 16. Multi+Plus
여행자를 위한 식당용 독일어 회화 총정리

It's **the perfect book** for any **self-learner**. **GERMAN**

16-1+. 궁극의 '해결사 독일어', Bitte

다른 거 전혀 몰라도 이거 한마디면 버틸 수 있다!
궁극의 독일어 대표표현, **Bitte** 를 소개합니다.

영어의 **please** 에 해당하는 표현이면서 여러모로 활용이 가능한 그야말로 '해결사' 표현입니다.
의자를 가리키며 **Bitte!** 하면 '앉으시죠.' 가 되는 것처럼, '원하는 단어 + **bitte.**' 하시면 희망하는
모든 것을 예의 바르게 요청할 수 있습니다.

(**der Kaffee** 커피, **langsam** 천천히, **links** 왼쪽의, **rechts** 오른쪽의, **der Flughafen** 공항, **herein** 안으로, **der Augenblick** 순간/잠시)

Einen Kaffee, bitte!
커피 한 잔이요.

추천단어 : **Ein Bier** (맥주), **Einen Wein** (와인), **Ein Mineralwasser** (물), **Die Rechnung** (계산서)

Langsamer, bitte!
좀 더 천천히요.

Nach links / rechts, bitte!
왼쪽 / 오른쪽으로요.

Zum Flughafen, bitte!
공항으로요.

Herein, bitte!
들어오세요.

Einen Augenblick bitte!
잠시만요.

Practical, Useful and
Easy-To-Understand Lessons!

MULTI*PLUS

16-2+. 식당용 독일어 회화표현, 맛있게 총정리!

일상회화, 여행회화에서 빼놓을 수 없는 것이 식당용 회화 표현입니다.
외국어 공부도 따지고 보면 먹자고 하는 거니깐요. ·_·
그래서 준비했습니다. 독일 사람들이 식당에서 어떤 순서로 어떻게 식사를 주문하는지요. 식당용
회화 3단계 총정리, **Start!**

① 독일 식당에서 1단계 : 문의!

(**die Speisekarte** 메뉴판, **die Weinlist** 와인리스트, **bestellen** 주문하다, **wählen** 선택하다)

Die Speisekarte bitte!
메뉴판 좀 부탁합니다!

Die Weinliste bitte!
와인리스트 좀 부탁합니다!

Ich möchte gern bestellen.
주문하고 싶습니다.

Ich habe noch nicht gewählt.
아직 고르지 못했습니다.

② 독일 식당에서 2단계 : 주문!

(**probieren** 시험하다, **das Brathähnchen** 닭구이, **davon** 그것에 대하여, **teilen** 나누다, **das Gericht** 음식, **die Nachspeise** 후식, **schmecken** 맛이 나다, **lecker** 맛있는, **satt** 배부른)

Ich möchte den Wein probieren.
그 와인을 시음해보고 싶습니다.

Brathähnchen, bitte!
구운 닭요리 주세요.

추천 요리 : **Eisbein** (족발), **Bratwurst** (구운 소시지), **Wienerschnitzel** (비엔나 송아지 커틀릿),
Schweinebraten (돈육 스테이크)

Zwei davon, bitte!

그것으로 두 개 주세요.

Wir teilen uns dieses Gericht.

이 요리 우리 둘이 나눠 먹겠습니다.

Eine Nachspeise, bitte!

디저트 부탁합니다.

Das schmeckt gut.

맛이 좋네요.

Lecker!

맛있다!

Ich bin satt.

배부릅니다.

❸ 독일 식당에서 3단계 : 계산!

(**zusammen** 모두/합해서, **die Quittung** 영수증, **viel** 많은, **der Dank** 감사)

Die Rechnung, bitte!

계산서 부탁합니다.

Wie viel ist es zusammen?

전부해서 얼마입니까?

Eine Quittung, bitte!

영수증 부탁합니다.

Es hat sehr gut geschmeckt.

정말 맛있게 먹었습니다.

Vielen Dank!

고맙습니다.

Practical, **Useful** and
Easy-To-Understand Lessons!

Da kommt ein Mann, den ich kenne.

It's the perfect book for any self-learner.

17.

Lektion 17

독일어 문장이 매끄럽게 이어진다! 관계문!

Da kommt ein Mann, den ich kenne.

저기 내가 아는 한 남자가 옵니다.

 It's **the perfect book** for any **self-learner.**

관계대명사를 알면 공통되는 요소를 가진 두 문장을 하나로 매끄럽게 연결할 수 있습니다.
관계문을 만들 수 있다는 것은 여러분의 독일어가 좀 더 우아해진다는 뜻이기도 합니다.
그래서 이제 우리에게 필요한 것은 독일어 관계대명사가 되겠습니다.

The be...
to communicate in a new language!
Learn to understand and speak Languages quickly and easily!

17-1. 독일인과의 관계, 노하우 하나!

독일인 친구들과 좀 더 친해지고 싶으십니까? 당신의 매력을 좀 더 알리고 싶으세요?
그렇다면 생일초대를 해보세요. 독일사람 웬만해선 생일초대는 거절하지 않습니다. 이는 또 개인적
으로 친해질 의사가 충분히 있는 상태라고 보시면 됩니다. 그리고 결정적인 팁 하나! 양력, 음력 다
챙겨 먹는다고 하고 한 달 걸러 내리 두 번 초대하시면 직빵으로 친해질 수 있습니다. 한 달 걸러 생
일상을 두 번씩이나 차리는 것 자체가 그들에겐 색다른 경험이거든요. 기본적으로 생일파티는 본인
이 준비하고 비용도 지불합니다. 외식비나 크나이페 (**Kneipe** : 펍)의 술값도 냅니다. 집으로 초대된
친구들에겐 최대한 편하게 지낼 수 있게 배려를 해주시고, 간간이 편한지 물어봐주세요. 그래야 손
님 대접을 충실히 한 사람으로 기억됩니다. 독일 사람과 관계가 직빵으로 좋아지는 방법이죠!

17-2. 독일어의 관계대명사

관계문은 두 문장에서 공통되는 사람이나 사물을 연결하여 하나의 문장으로 만든 것을 말합니다.
이때 중요한 역할을 하는 것이 관계대명사이고요. 보통은 관계대명사가 이끄는 관계절이 주절 다
음에 오지만, 소위 선행사의 바로 뒤에 위치하기도 합니다. 독일어에서 중요한 점은 '관계절의 동
사는 후치된다' 는 사실입니다.

관계절을 이끄는 관계대명사, 영어에서는 **that** 으로 대표되지만, 독일어에서는 정관사와 마찬가지
로 '성수격' 에 따라 각기 다른 형태로 존재합니다.
관계대명사는 '정관계대명사' 와 '부정관계대명사' 로 나뉩니다.
정관계대명사는 정관사와 몹시 많이 닮았습니다.

(제05과의 정관사 표와 한번 비교해서 보세요.)

정관계대명사

| | 단수 | | | 복수 |
	남성	여성	중성	
1격	der	die	das	die
2격	dessen	deren	dessen	deren
3격	dem	der	dem	denen
4격	den	die	das	die

216

Practical, Useful and
Easy-To-Understand Lessons!

제05과의 정관사 표와 비교해보시면 정관계대명사는 정관사와 거의 대부분 같은 모양이고, '2격과 복수3격' 의 형태만 살짝 다르다는 것을 알 수 있습니다. 게다가 2격들은 '남성/중성' 이 같은 모양 이고, '여성/복수형' 이 또 같은 모양입니다.

17-3. 독일어 관계문을 만드는 법!

관계문장, 제조법의 원리는 간단합니다.

Da kommt ein Mann.
지기 한 남자가 옵니다.

Ich kenne den Mann.
나는 그 남자를 압니다.

➡ **Da kommt ein Mann, den ich kenne.**
저기 내가 아는 한 남자가 옵니다.

두 문장에서 공통되는 것은 **Mann** 입니다.
두 문장을 연결하면 '저기 내가 아는 한 남자가 옵니다.' 가 되겠죠.

만드는 방법은
기본적으로 주절 다음에 관계절을 이어붙이면 되고요,
절과 절은 콤마(,)와 관계대명사로 연결됩니다.
관계대명사는 주절의 성과 수를 따르고 격은 관계절 자체에서 결정됩니다.
그런데 사실상 '2격과 복수3격' 을 제외하면 정관사와 똑같은 모양이기 때문에
위 문장의 경우, 정관사를 관계대명사로 땡겨오고,
Mann 은 생략하며, 동사만 후치시켜주면 그것으로 깔끔하게 끝납니다.

(**wohnen** 살다, **reisen** 여행하다, **das Kaufhaus** 백화점, **schenken** 선사하다, **sterben** 죽다)

The be...
to communicate in a new language!
Learn to understand and speak Languages quickly and easily!

Der Mann, der neben mir wohnt, will nach Deutschland reisen.

옆집에 사는 남자는 독일로 여행 가려고 합니다.

➡ **Der Mann will nach Deutschland reisen.**

그 남자는 독일로 여행 가려고 합니다.

➡ **Der Mann wohnt neben mir.**

그 남자는 옆집에 삽니다.

이번에는 역순으로 문장을 분리해 보았습니다.
선행사 **Mann** 바로 뒤에 관계절이 연결되어 있는데요, 이렇게 주절 안에 자리 잡게 되면 관계절의
양끝은 콤마로 표시됩니다.

Er sucht die Uhr, die er gestern im Kaufhaus gekauft hat.

그는 어제 백화점에서 산 시계를 찾고 있습니다.

Die Frau, der ich eine Uhr geschenkt habe, wohnt in Frankfurt.

내가 시계를 선물한 그녀는 프랑크푸르트에 삽니다.

Die Frau, deren Mann gestorben ist, arbeitet im Kaufhaus.

남편과 사별한 그 여자는 백화점에서 일합니다.

17-4. 전치사 + 관계대명사!

Die Frau ist meine Schwester.

저 여자는 나의 누나입니다.

Der Mann tanzt mit der Frau.

그 남자가 그 여자와 춤을 춥니다.

 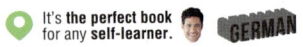

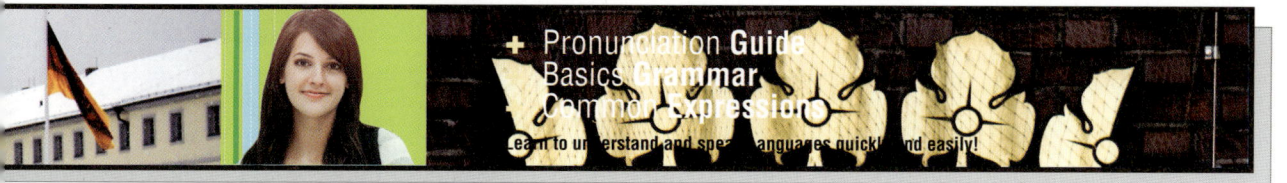
➜ **Die Frau, mit der der Mann tanzt, ist meine Schwester.**
그 남자와 춤추고 있는 저 여자는 나의 누나입니다.

두 문장에서 공통되는 것은 **Frau**. 관계절은 선행사 **Frau** 가 전치사 **mit** 와 결합된 상황입니다. 이럴 땐 전치사를 그대로 가져와 관계대명사와 결합시켜주면 됩니다. 결과적으로 관계절의 **Frau** 만 떼어버리고 선행사 뒤에 '전치사 + 관사' 를 쏘옥~! 삽입해주면 되는 것이죠. 관계절의 동사는 당근 후치시켜야 하고요.

(**tanzen** 춤추다, **der Pass** 여권, **der Ausweis** 증명서, **das Ausland** 외국, **der Fluss** 강/하천, **der Felsen** 바위/암석)

Das ist das Hotel, in dem wir heute nacht bleiben.
이 호텔이 우리가 오늘 밤에 머무를 곳입니다.

Ein Pass ist ein Ausweis, mit dem man ins Ausland reisen kann.
여권은 외국으로 여행할 수 있는 증명서입니다.

Der Rhein ist der Fluss, an dem der Lorelei-Felsen steht.
로렐라이 바위가 있는 곳은 라인 강입니다.

17-5. 독일어의 부정관계대명사!

특별하게 지칭되지 않는, 불특정의 선행사는 부정관계대명사로 해결합니다.
부정관계대명사는 **wer** (어떤 사람)과 **was** (어떤 것)이 있습니다.
'~하는 사람' 을 나타내는 부정관계대명사 **wer** 는 앞에서 소개한 정관계대명사 남성형과 쏙 닮았습니다. **d** 를 **w** 로만 바꾸면 되죠.
'~하는 것' 을 뜻하는 부정관계대명사 **was** 는 1격과 4격만 존재합니다. 서로 모양은 같고요.

'~하는 사람은 ~하다' 의 **Wer ~ der** 와 '~하는 것은 ~하다' 의 **Was ~ das** 용법도 있습니다. 격언, 금언, 모토 등에 자주 사용되는 표현법이죠. 이때 **der**, **das** 는 생략할 수도 있습니다.

(**falsch** 틀린, **glauben** 믿다, **nie** 결코 아니다, **vergessen** 잊다, **niemand** 아무도 아닌)

부정관계대명사

	사람	사물
1격	**wer**	**was**
2격	**wessen**	
3격	**wem**	
4격	**wen**	**was**

Wen ich liebe, dem ich alles geben.
내가 사랑하는 (어떤) 사람에게 나는 모든 것을 줄 것입니다.

Das ist falsch, was er gesagt hat.
그가 말한 것은 틀렸습니다.

Das ist alles, was ich weiß.
그것이 내가 아는 전부입니다.

Glaubst du das, was er sagt?
너는 그가 말한 것을 믿니?

Ich werde das nie vergessen, was du sagst.
네가 말하는 것을 결코 잊지 않을게.

Wer nicht arbeiten will, soll nicht essen.
일하려 하지 않는 사람은 먹지 말아야 한다.

Wer niemand lieben kann, ist unglücklich.
누구도 사랑할 수 없는 사람은 불행하다.

Wem du hilfst, der wird auch dir helfen.
네가 돕는 사람은 그 역시 너를 도울 것이다.

Practical, Useful and Easy-To-Understand Lessons!

It's the perfect book for any self-learner. GERMAN

Start speaking the second language in minutes!

Wir
lernen
Deutsch.

Practical, **Useful** and
Easy-To-Understand Lessons!

Lesson* multi* plus*

The best and quickest way
to communicate in a new language!

Practical, Useful and
Easy-To-Understand Lessons!

LESSON*
MULTI*
PLUS*

17+
Lektion 17. Multi+Plus
독일여행에 필요한 결정적 질문 모음!

It's the perfect
for any self-learner.

GERMAN

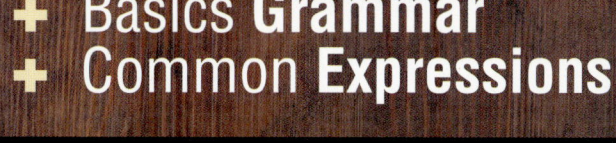
여러분의 독일 여행을 든든하게 책임질 의문사 3가지!

의문사 3가지만 알아도 불편하지 않게 독일여행이 가능합니다!

(**der Platz** 자리, **die Toilette** 화장실, **der Informationsschalter** 안내창구, **aufmachen** 열다, **zumachen** 닫다, **das Geschäft** 상점, **die Speise** 요리)

17-1+. **Wo ist ~?** (~는 어디입니까?)

Wo ist mein Platz?
제 자리는 어디입니까?

Wo ist die Toilette?
화장실은 어디입니까?

Wo ist die U-Bahnstation?
지하철역은 어디입니까?

Wo ist der Informationsschalter?
안내창구는 어디입니까?

17-2+. **Wann ~?** (언제 ~합니까?)

Wann beginnt die Show?
쇼는 언제 시작합니까?

Wann wollen Sie abfahren?
당신은 언제 출발합니까?

Wann macht das Kaufhaus auf?
백화점은 언제 엽니까?

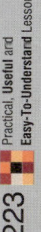

MULTI* PLUS

Wann macht das Geschäft zu?
상점은 언제 닫습니까?

Wann ist es Ihnen recht?
당신은 언제가 좋습니까?

17-3+. Wie ~? (어떻게 합니까?)

Wie ist dieses Hotel?
이 호텔은 어떻습니까?

Wie sagt man das auf Deutsch?
그것을 독일어로는 어떻게 말합니까?

Wie schmeckt diese Speise?
이 요리는 맛이 어떻습니까?

Wie komme ich zum Bahnhof?
역은 어떻게 갑니까?

Wie soll ich tun?
제가 어떻게 해야 합니까?

17-4+. wie 회화표현의 단짝친구들!

영어의 **how long**, **how much** …처럼 **wie** 와 부사가 결합하여 다양한 표현이 가능해집니다.

wie lange
얼마나 오래 (**how long**)

wie oft
얼마나 자주 (**how often**)

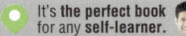

wie weit
얼마나 멀리 (**how far**)

wie viel
얼마나 많이 (**how much**)

wie viele
얼마나 많이 (**how many**)

Wie lange dauert es?
그것은 시간이 얼마나 걸립니까?

Wie lange muss ich warten?
제가 얼마나 기다려야 합니까?

Wie oft fährt der Bus?
버스는 얼마나 자주 운행합니까?

Wie weit ist es von Berlin nach Bonn?
베를린에서 본까지 얼마나 멉니까?

Wie weit ist es vom Flughafen zum Hotel?
공항에서 호텔까지 얼마나 멉니까?

Wie viel Uhr ist es?
몇 시입니까?

Wie viel kostet das?
그것은 얼마입니까?

Wie viele möchten Sie?
몇 개를 원하십니까?

Practical, Useful and
Easy-To-Understand Lessons!

MULT I* PL US

18.
Lektion 18
이제 독일어 문장을
자유자재로! 수동문!
Sie wird von mir geliebt.
그녀는 나로부터 사랑받습니다.

독일유학을 전제로 독일어 문법을 말할 때,
'중급' 은 독일대학 입학의 기준선입니다.
중급문법에 해당하는 대표적인 파트는
접속법(간접화법, 가정법), 수동태, 명사구문, 분사구문 등입니다.
이 부분을 잘해야 독일대학의 수강능력이 있다고 보는 것이죠.

그렇다고 뚜껑이 열릴 정도로 어려운 것은
절대로 아니고요~! ·L·V

Sie wird von mir geliebt.

 ## 18-1. 독일인이 수동적일 때!

독일인의 묵묵한 태도에 괜히 우리가 주눅 드는 경우가 종종 있습니다.

인간관계에 있어서 기본적으로 조심하려는 독일인의 마인드 덕분에 이런 식의 긴장상태를 경험하게 되죠. 그렇다고 해서 이런 태도가 이방인에 대한 경계나 배척은 아닙니다. 물론 유색인종에 대해서는 좀 더 두드러질 순 있지만, 이마저도 폭발적인 중북부유럽의 이민자들 덕분에 더 이상 피부색으로 내외국인을 구분하기는 어려운 지경이 되었습니다. 차라리 이보다는 유색인과의 언어소통에 대한 잠재적인 우려 또는 조심성을 반영한 결과로 보는 것이 맞습니다. 본인들이 익숙하지 않아서 실수하는 것보다는 소극적이거나 수동적인 대처가 안전하다고 생각하는 것입니다. (예를 들어서 '황광희' 라는 이름을 어렵게 부르다가 실수를 하느니 차라리 안 부르는 게 실례를 피할 수 있다고 생각하는 거죠.)

 ## 18-2. 독일어 문장의 능동 vs 수동

'~하다' 라는 '능동문' 에 대비되는 것이 '~되다' 의 '수동문' 입니다.

수동문을 만들 줄 안다는 것은 독일어 쫌 한다는 얘기가 될 수 있습니다. 문장을 관점에 따라 다시 쓸 수 있다는 얘기니까요. 그렇지만 만드는 방법은 의외로 간단합니다.

수동을 만들 때 필요한 조동사는 **werden** 입니다.
우리는 이미 '미래시제' 를 통해 **werden** 동사를 만났습니다. (**werden** + 동사의 원형 = 미래시제. 참조 제14과) 수동문은 여기서 살짝만 다른 형태, 즉 **werden** + 과거분사(**p.p**)로 만들면 됩니다.

일단 **werden** 이 불규칙동사인 관계로 인칭변화 형태를 알아야겠죠.

ich	werde	wir	werden
du	wirst	ihr	werdet
er	wird	sie	werden

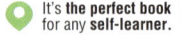
Practical, **Useful** and
Easy-To-Understand Lessons!

아울러 **p.p** (동사의 과거분사형)이 필요하기 때문에 모르는 동사의 과거분사형은 사이트 **www.verbix.com/languages/german.shtml** 을 이용하시고요.

 ## 18-3. 독일어 수동문 만들기!

수동문장을 뜯어보면 동사는 두 번째 자리에 하나만 온다는 독일어의 고집스런 원칙에 의해서 **werden** 외의 다른 동사는 문장의 맨 뒤로 보내집니다. 그리고 영어의 수동문에서 봤던 행위자 표시 **by** 는 독일어로는 **von** (3격지배전치사)로 표시됩니다.
원인이나 수단을 나타낼 경우에는 **durch** (4격지배전치사)를 사용하면 되고요.

(**der Schüler** 학생, **loben** 존경하다, **der Lehrer** 교사, **einladen** 초대하다, **das Essen** 식사, **lieben** 사랑하다, **wecken** 깨우다, **der Sturm** 폭풍, **zerstören** 파괴하다)

Der Schüler lobt den Lehrer.
학생은 선생님을 존경합니다.

➔ Der Lehrer wird von dem Schüler gelobt.
선생님은 학생으로부터 존경받습니다.

Mathias lädt Katrin zum Essen ein.
마티아스는 카트린을 식사에 초대합니다.

➔ Katrin wird von Mathias zum Essen eingeladen.
카트린은 마티아스로부터 식사에 초대받습니다.

Sie wird von mir geliebt.
그녀는 나로부터 사랑받습니다.

Ich werde von ihr jeden Tag geweckt.

나는 그녀에 의해 매일 깹니다.

Das Haus wird durch den Sturm zerstört.

주택이 폭풍에 의해 파괴됩니다.

 ## 18-4. 독일어 현재완료 수동문 만들기!

수동문에서 많이 사용하게 되는 시제는 현재와 현재완료입니다.

완료형 수동문을 만들려면 완료시제 조동사 **sein** 이 필요합니다.
(시제편 제015과에서 말씀드렸듯이 **werden** 은 **sein** 동사와 결합되기 때문입니다.)
sein 동사가 두 번째 자리로 가면 **werden** 동사는 **worden** 으로 바뀌어 문장의 맨 끝으로 가게 됩니다.

(**feuern** 해고하다, **der Unterricht** 수업, **aufschieben** 연기하다, **die Universität** 대학교, **gründen** 건설하다, **die Brücke** 다리, **erbauen** 짓다)

Er ist gefeuert worden.

그는 해고되었습니다.

Der Unterricht ist bis nächsten Tag aufgeschoben worden.

수업은 다음날로 미뤄지게 되었습니다.

Wann ist diese Universität gegründet worden?

이 대학은 언제 설립되었습니까?

Die Brücke ist von den Koreanern gebaut worden.

다리는 한국인들에 의해 건설되었습니다.

 It's **the perfect book**
for any self-learner. **GERMAN**

Rom ist nicht an einem Tage erbaut worden.

로마는 하루에 이루어지지 않았다.

 18-5. 독일어 상태수동문 만들기!

상태수동은 이미 일어난 사건의 상태를 표현하며, 행위자는 명시되지 않습니다.

그냥 결과적으로 보이는 상태를 표현하는 것이죠. 상태수동 만드는 방법은 **sein** + 과거분사(**p.p**) 이며 이때 동사는 타동사입니다.

(**öffnen** 열다, **putzen** 청소하다, **noch** 아직, **schließen** 닫다, **schon** 이미, **übersetzen** 번역하다)

Die Tür ist geöffnet.
그 문은 열려있습니다.

Das Zimmer ist schön geputzt.
그 방은 깨끗이 청소되어 있습니다.

Die Bank ist noch geschlossen.
그 은행은 아직 닫혀있습니다.

Das Buch ist schon auf Deutsch übersetzt.
그 책은 이미 독일어로 번역되어 있습니다.

18-6. 하면서, 하면서! 된! 독일어 분사!!

분사는 문장을 좀 더 간결하게 만들 수 있는 한 수 높은 수준의 독일어법입니다.

잘 사용하면 세련되게 보이는 문법인 것이죠.
자! 그럼 살짝 달려볼까요?
일단 독일어의 분사는 '현재분사' 와 '과거분사' 가 있습니다.
'현재분사' 는 능동의 행위, 상태, 과정을 표현하고,
'과거분사의 분사구문' 은 수동의 행위, 상태, 과정을 표현합니다.

1) '현재분사' 를 만드는 방법은 동사의 원형에 d 를 붙여주면 됩니다. (동사원형 + d) 부사적으로
쓰이면 '~하면서', 형용사적으로 쓰이면 '~하는' 의 뜻입니다. 형용사처럼 사용될 때는 '형용사어
미변화' 를 해야 한다는 것 기억해주십시오.

(grüßen 인사하다, das Mädchen 소녀, nicken 끄덕이다, der Feuerwehrmann 소방관, brennen 불이 나다,
hineingehen 들어가다, denken 생각하다, der Mensch 사람, stehen 서있다, der Löwe 사자, wecken 깨우다)

denken ➤ denkend		**schlafen ➤ schlafend**	
생각하다 생각하면서		자다 자면서	
lächeln ➤ lächelnd		**weinen ➤ weinend**	
웃다 웃으면서		울다 울면서	

Julia grüßt mich lächelnd.
율리아가 내게 웃으면서 인사합니다.

Das Mädchen nickt weinend.
소녀는 울면서 고개를 끄덕였습니다.

Der Feuerwehrmann geht in das brennende Haus hinein.
소방관이 불타는 집으로 들어갑니다.

+ Pronunciation Guide
+ Basics Grammar
+ Common Expressions

Learn to understand and speak Languages quickly and easily!

Ein denkender Mensch bleibt nicht da stehen.
생각하는 사람은 그 자리에 서서 머물지 않는다.

Schlafende Löwen soll man nicht wecken.
잠자는 사자를 깨워선 안 된다.

2) '과거분사' 는 이미 완료시제를 통해서 만나봤는데요, 바로 그 형태를 활용한 표현법입니다. '~된' (타동사), '이미 ~한' (자동사)의 의미입니다. 만드는 방법은 형용사적으로 사용되기 때문에 반드시 '형용사어미변화' 를 해야 한다는 것만 유념하시면 됩니다.

(**übersetzen-setzte über-übersetzt** 번역하다, **verbieten-verbot-verboten** 금시하나, **sterben-starb goctorben** 주다)

der übersetzte Roman
번역된 소설

die verbotene Liebe
금지된 사랑

der gestorbene Soldat
사망한 병사

Sie liest nur den übersetzten Roman.
그녀는 번역된 소설만 읽습니다.

Der heute in Afghanistan gestorbene Soldat ist ein Deutscher.
오늘 아프가니스탄에서 사망한 병사는 독일인입니다.

LESSON***
MULTI*PLUS

18+
Lektion 18. Multi+Plus
일상회화의 절정 표현, 독일사랑 만들기!

독일어가 가능해서 얻을 수 있는 가장 큰 행운은 독일인과 사랑에 빠지는 것입니다.
여러분께서 이미 학습하신 기본적인 동사들만 가지고도 충분히 가능한 얘기죠.
그래서 준비했습니다. 독일인과의 사랑 만들기! 빠샤!!
(같은 또래용 작업을 위한 **Youngman Version** 입니다. ^0^)

GERMAN

18-1+. 독일어로 사랑만들기 제1단계 : 말걸기!

작업의 시작은 날씨 이야기로 하세요. 스테디셀러용 멘트입니다.

남성분은 '날씨 애기' 로 시작하시고, 여성분은 질문(길묻기, 독일어 표현 묻기 등)으로 말을 걸어 보세요. 100%입니다!
(독일 스타일로 비가 구질구질 내려 온통 질퍽거려도 '날씨 조타!' 하세요. 끝도 없이 긍정적인 사람으로 볼 겁니다.)

Hallo?
안녕?

Es ist schön.
날씨 좋다.

Wie sagt man das auf Deutsch?
이거 독일어로 어떻게 말해?

Wie geht es dir?
어떻게 지내?

Danke gut. Und dir?
좋아 고마워. 너는?

18-2+. 독일어로 사랑만들기 제2단계 : 신상털기!

당연히 자신부터 소개합니다. 반드시 웃는 얼굴로요!

Ich heiße 광수.
나는 광수라고 해.

Wie heißt du?
네 이름은 뭐니?

Ich komme aus Korea.
나는 한국에서 왔어.

Woher kommst du?
넌 어디서 왔니?

Bist du Deutscher? (Deutsche)
너 독일인이니? (독일 여자)

Was bist du von Beruf?
너는 직업이 뭐니?

Ich bin Student. (Studentin) / Angestellter (Angestellte)
나는 학생이야. (회사원)

Was ist dein Hobby?
너의 취미는 뭐니?

18-3+. 독일어로 사랑만들기 제3단계 : 진도 또는 수작!

'급만남' 에선 '사랑해.' 라는 표현 절대 안 씁니다.

진정성도 대박 의심받고, '이건 뭐지?' 라는 표정을 직면하게 될 것입니다. ㅎㅎ

Wollen wir zusammen essen?
우리 같이 식사할래?

Wollen wir einen trinken gehen?
우리 한 잔 할까?

Kommst du mit mir?
너 나랑 같이 갈래?

Ich möchte heute nacht mit dir zusammen sein.
나 오늘밤 너와 함께 있고 싶어.

18-4+. 독일어로 사랑만들기 제4단계 : 마무리 또는 기약!

Du bist sehr nett. (schön)
넌 정말 친절해. (예뻐)

Es war heute sehr schön.
오늘 정말 좋았어.

Ich werde dich nie vergessen.
널 잊지 못할 거야.

Kann ich deine E-Mail-Adresse haben? (Handynummer)
니 이메일주소 줄 수 있니? (핸드폰번호)

Ich rufe dich morgen an.
내일 너한테 전화할게.

Alles Gute! (Viel Glück!)
잘 지내!

이 정도를 해내고도 뭔가 안 풀리는 상황이라면 아마 문제점을 거울에서 찾으셔야 할 것 같습니다.
('경험에서 우러나온 조언' 되겠습니다.)

19.
Lektion 19

여러분의 독일어가 고상해집니다. 접속법!
Könnten Sie noch einmal sagen?
한 번 더 말씀해주실 수 있습니까?

Könnten Sie noch einmal sagen?

독일어 동사를 가지고 만드는 문법의 종결자가 바로 접속법입니다.
접속법은 1식(간접화법)과 2식(비현실화법)으로 되어있습니다만, 활용도가 낮은 접속법1식은 살짝 제외하고
접속법2식을 중심으로 설명 드리겠습니다. 활용도 높은 부분만 집중적으로 소개해 드리겠습니다.

19-1. 독일어의 접속법2식은?

독일어 접속법2식 비현실화법은 '가정문' 이나 '기원문' 을 만드는데 사용합니다.
역시 동사의 어미변화를 통해서 만드는 어법인데요, 접속법2식은 동사의 과거형을 기본으로 하여
어미변화를 시키는 방식입니다.

(**der Vogel** 새, **fliegen** 날다)

If I were a bird,　　　　　　I could fly to you.
Wenn ich ein Vogel wäre,　　könnte ich zu dir fliegen.

만약에 내가 새라면, 너에게 날아갈 수 있을 텐데.

영어와 비교해보면 가정법을 만들 때 과거형을 끌어다 쓰는 것과 If 절(**Wenn**)으로 시작하는 것이
영어와 독일어가 닮은 부분입니다. 주절의 동사가 도치되는 것만 빼면 그대로 똑같은 구조죠.
가정문을 만드는 방법은 동사의 과거형에 다음의 어미를 각 인칭별로 붙여주면 됩니다.

단수		복수	
ich	**-e**	**wir**	**-en**
du	**-est**	**ihr**	**-et**
er (sie/es)	**-e**	**sie (Sie)**	**-en**

현재인칭변화와 비교해 보면 단수2/3인칭, 복수2인칭이 다르다는 것을 알 수 있습니다. 이러한 어
미변화 방식에 따라 동사의 인칭변화를 적용하면 됩니다.
(불규칙동사의 경우, 어간모음에 있는 **a**, **o**, **u** 는 변모음이 됩니다. (**ä**, **ö**, **ü**)

	sein	**haben**	**weden**
ich	**wäre**	**hätte**	**würde**
du	**wärest**	**hättest**	**würdest**
er	**wäre**	**hätte**	**würde**
wir	**wären**	**hätten**	**würden**
ihr	**wäret**	**hättet**	**würdet**
sie	**wären**	**hätten**	**würden**

가장 많이 사용하게 되는 동사들이니 위의 동사들 정도는 알고 계시는 것이 좋겠습니다.

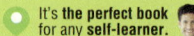

19-2. 접속법2식으로 가정문 만들기!

전체 접속법 중에서 가장 많이 사용하는 것이 접속법2식의 가정문입니다.
몇 가지 유형만 알고 있으면 완벽하게 활용할 수 있습니다.

(**bringen** 가져오다, **reich** 부유한, **die Stelle** 자리/위치, **die Ferien** 방학/휴가, **die Party** 파티)

Wenn ich Geld hätte, kaufte ich ein Auto.
만약에 내가 돈이 있다면, 차를 한 대 살 텐데.

Wenn ich ein Auto hätte,
würde ich dich nach Hause bringen.
만약에 내가 차가 있다면, 너를 집으로 데려다 줄 텐데.

현대독일어의 추세는 가정문에 **würde** 를 주로 사용합니다.
그래서 가정문을 만들 때 공식을 다음과 같이 기억하시는게 더 유용하겠습니다.

Wenn ich ~ hätte (wäre), würde ~ 동사원형.

Wenn ich reich wäre, würde ich das tun.
만약에 내가 부자라면 그것을 할 텐데.

Wenn ich Zeit hätte, würde ich zur Party gehen.
만약에 내가 시간이 있다면, 파티에 갈 텐데.

Wenn ich an deiner Stelle wäre, würde ich ihm helfen.
만약에 내가 너의 입장이라면, 그를 도왔을 텐데.

Was würdest du machen, wenn du jetzt Ferien hättest?
만약에 네가 지금 방학이라면, 무엇을 할 거니?

Wenn 은 생략이 가능합니다. **Wenn** 을 생략할 경우 **Wenn** 자리에 동사가 위치합니다.

Hätte ich Zeit, würde ich zur Party gehen.
내가 시간이 있다면, 파티에 갈 텐데.

 ## 19-3. 가정문의 독립적 용법!

Wenn 절(가정부)와 주절(결론부)는 각각 독립적으로도 사용이 가능합니다.

Wenn 절(가정부)를 독립적으로 사용할 때는 원망의 느낌이 더해집니다.
강조의 뜻으로 **doch**, **nur** 를 함께 사용하면 느낌이 더욱 살아납니다.

Hätte ich doch Zeit!
내가 시간만 있다면!

Hätte ich nur Geld!
내가 단지 돈만 있다면!

 ## 19-4. 접속법2식의 과거!

'만약에 ~ 했더라면, ~했을 텐데.' 라는 뜻의 '과거형 가정문' 은
hätte / **wäre** + **p.p** 형식으로 만들면 됩니다.

Wenn ich Geld gehabt hätte,
wäre ich nach Deutschland geflogen.
내가 돈이 있었다면, 독일로 갔을 텐데.

Wenn ich es gewusst hätte, hätte ich es dir gesagt.
만약에 내가 그것을 알았더라면, 너에게 말했을 텐데.

Wenn der Bus pünktlich gekommen wäre,
hätten wir den Zug nicht verpasst.
버스가 정각에 왔다면, 우리는 그 기차를 놓치지 않았을 텐데.

19-5. 접속법2식으로 기원문 만들기!

여러분의 희망을 가장 우아하게 표현하는 방법이 있습니다.
접속법2식을 활용하면 소망을 이룰 수 있을 것입니다. ^O^

(**aufklaren** 맑아지다, **der Millionär** 백만장자, **wenig** 적은, **die Tasse** 잔, **etwas** 무엇/대략, **das Wochenende** 주말)

Es wäre gut(schön) ~. : ~한다면 좋겠습니다.
Ich wäre gern ~. : 나는 ~ 이고 싶습니다.
Ich hätte gern ~. : 나는 ~ 가지고 싶습니다.

Es wäre schön, wenn es morgen aufklaren würde.
내일 날씨가 좋아지면 좋겠습니다.

Ich wäre gern Millionär.
나는 백만장자이고 싶습니다.

Ich wäre gern ein wenig größer.
나는 조금만 더 크고 싶습니다.

Ich hätte gerne eine Tasse Kaffee.
나는 커피 한 잔을 원합니다.

Ich hätte gerne etwas zu essen.
나는 뭘 좀 먹고 싶습니다.

Wie wäre es mit diesem Wochenende?
이번 주말은 어떠세요?

19-6. 접속법2식의 외교적 화법

접속법2식을 이용하면 최고 수준으로 겸손하게 표현할 수 있습니다.
예의를 듬뿍 담고 있기 때문에 청을 들어줄 수밖에 없는 그런 표현입니다.
화법조동사를 살짝 활용하면 되는데요, 접속법에서 일상회화용으로 가장 많이 사용하는 표현법이
되겠습니다. 그냥 그대로 기억해 두시면 독일여행에서 아주 요긴하게 사용하게 될 것입니다.

(einmal 한번, erneut 새로/다시, senden 보내다, erklären 설명하다, das Wasser 물, das Foto 사진, das
Gepäck 소포, aufbewahren 보관하다, das Abendessen 저녁식사, vorstellen 소개하다)

Könnten Sie + 동사원형? : ~해주실 수 있습니까?
Würden Sie + 동사원형? : ~해주시겠습니까?

Könnten Sie mir helfen?
저를 도와주실 수 있습니까?

Könnten Sie das noch einmal sagen?
그것을 한 번 더 말씀해주실 수 있습니까?

Könnten Sie mir die E-Mail erneut senden?
이메일을 저에게 다시 보내주실 수 있습니까?

Könnten Sie mir den Weg zum Bahnhof erklären?
저에게 기차역으로 가는 길을 설명해주실 수 있습니까?

Entschuldigen Sie, aber könnten Sie mir ein Glas Wasser geben?
죄송한데요, 저에게 물 한 잔 주실 수 있습니까?

Würden Sie mir helfen?
저를 도와주시겠습니까?

Würden Sie bitte langsamer sprechen?
좀 더 천천히 말씀해주시겠습니까?

Würden Sie bitte ein Foto für uns machen?
저희 사진 한 장만 찍어주시겠습니까?

 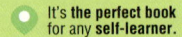

Würden Sie bitte das Fenster öffnen?
창문 좀 열어주시겠습니까?

Würden Sie bitte dieses Gepäck aufbewahren?
이 짐 좀 맡아주시겠습니까?

Ich möchte + 동사원형? : 저는 ~을 원합니다.
Möchten Sie + 동사원형? : 당신은 ~을 원하십니까?
Was möchten Sie + 동사원형? : 당신은 무엇을 원하십니까?

Ich möchte ins Kino gehen.
영화관에 가고 싶습니다.

Ich möchte dich zum Abendessen einladen.
나 너를 저녁식사에 초대하고 싶어.

Ich möchte Ihnen Frau Müller vorstellen.
저는 여러분께 뮬러 부인을 소개하고 싶습니다.

Möchten Sie noch ein Glas Wein?
와인 한 잔 더 원하십니까?

Möchten Sie tanzen?
춤추고 싶으세요?

Möchten Sie mit mir essen?
저와 식사 하시겠습니까?

Was möchten Sie?
당신은 무엇을 원하십니까?

Was möchten Sie kaufen?
당신은 무엇을 사고 싶으십니까?

Was möchten Sie von mir?
저에게서 무엇을 원하십니까?

From basic greetings and expressions to grammar and conversations!

LESSON
MUTI*
PLUS*

The best and quickest way
to communicate
in a new language!

LESSON*
MULTI*
PLUS*

19+
Lektion 19. Multi+Plus

핵심문형 4가지로 여행회화 절딴내기!

It's the perfect book
for any self-learner.

GERMAN

19-1+. 독일어 대표 핵심문형 4가지!

① Ich möchte ~.

물건을 구매할 때, 또는 원하는 무엇인가가 있을 때 사용하는 최고의 표현입니다.
(나는 ~을 원합니다.)

'**Ich möchte** + 명사 또는 동사원형.' 이면 세상 모든 것을 얻을 수 있습니다!
단어를 모르면 '**Ich möchte ~**' 하고 물건을 손가락으로 가리키면 됩니다!

(**das Einzelzimmer** 1인실, **das Schmerzmittel** 진통제, **reservieren** 예약하다, **bezahlen** 지불하다)

Ich möchte ein Einzelzimmer.
1인실을 원합니다.

추천단어 호텔에서는 **ein Doppelzimmer** (2인실), **ein ruhiges Zimmer** (조용한 방), **ein Kopfkissen** (베게) 등과 같은 단어들이 필요하겠죠?

Ich möchte eine Quittung.
영수증을 원합니다.

Ich möchte ein Schmerzmittel.
진통제를 원합니다.

Ich möchte gern reservieren.
예약하고 싶습니다.

Ich möchte bitte bezahlen.
계산하고 싶습니다.

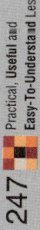

❷ Haben Sie ~?

'~가 있습니까? / ~가지고 있으십니까? 라고 묻는 표현입니다.
'Haben Sie + 명사?' 로 상대에게 필요한 것을 물어보세요.

(**frei** 빈, **der Stadtplan** 시내지도)

Haben Sie noch einen Platz?
자리 하나 더 있습니까?

Haben Sie ein freies Zimmer?
빈방이 있습니까?

Haben Sie einen Stadtplan?
시내지도가 있습니까?

Haben Sie etwas Billigeres?
좀 더 싼 것이 있습니까?

Haben Sie Zeit?
시간 있으세요? (작업용 멘트 ㅋ)

❸ Darf ich ~?

'내가 ~해도 될까요?' 하고 허락을 구할 때 사용하는 표현입니다.
여러분의 요청에 대해서 상대는 여러분에게 '네.' (**Ja.**) '아니오.' (**Nein.**)으로 답을 드릴 것입니다.

(**eintreten** 들어가다, **fotografieren** 사진 찍다, **parken** 주차하다, **mitgehen** 동행하다)

Darf ich eintreten?
들어가도 될까요?

+ **Pronunciation** Guide
+ **Basics** Grammar
+ **Common** Expressions

LESSON
MULTI*
PLUS

Learn to understand and speak Languages quickly and easily!

Darf ich fotografieren?
사진을 찍어도 될까요?

Darf ich mich hier setzen?
여기에 앉아도 될까요?

Darf ich hier parken?
여기에 주차해도 될까요?

Darf ich mitgehen?
같이 가도 될까요? (작업용 멘트 ㅋ)

④ Könnten Sie ~?

'~해주시겠습니까? 를 매우 높은 수준의 예의를 갖추어 말하는 형식입니다.
이렇게까지 고급스럽게 이야기했는데도 안 들어주면 독일 사람 아닙니다! ㅎㅎ

(**zeigen** 보여주다, **empfehlen** 추천하다)

Könnten Sie mir helfen?
저를 도와주시겠습니까?

Könnten Sie das noch einmal sagen?
그것을 한 번 더 말씀해주시겠습니까?

Könnten Sie mir das zeigen?
저에게 저것을 보여주시겠습니까?

Könnten Sie mir etwas empfehlen?
저에게 뭐 좀 추천해주시겠습니까?

Könnten Sie mir das erneut senden?
저에게 그것을 다시 보내주시겠습니까?

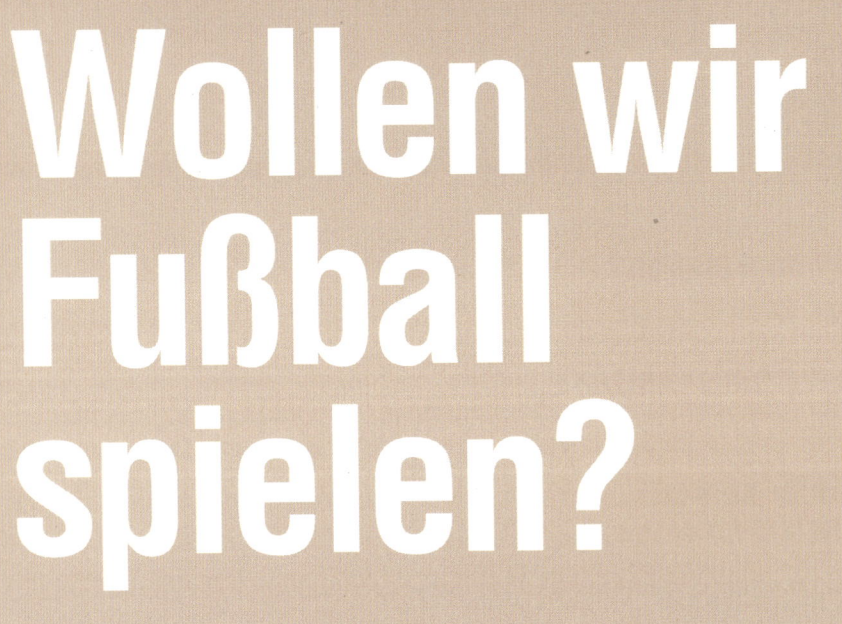

Wollen wir Fußball spielen?

20.
Lektion 20

독일어 어순 완전 총정리
Wollen wir Fußball spielen?
우리 축구 할까요?

대망의 마지막 과에서 소개해드릴 내용은 독일어의 어순입니다!
지금까지 학습하신 독일어 전체를 어순의 관점에서
다시 한번 살펴보는 시간을 가져보도록 하겠습니다.
축구를 주제로 간단한 예문을 준비했습니다.
문장을 쭈르륵 기억해 두시면 독일어 어순이 한눈에 해결되실 겁니다.
'브라질 사람은 축구를 놀이처럼 하고,
독일 사람은 축구를 일처럼 한다.' 고 말하는데요,
그래서 재미삼아 이번 과의 예문은 몽땅 축구와 관련된 문장으로 준비했습니다.

for any self-learner. GERMAN

 ## 20-1. 독일인의 축구 그 위에 환경의식!

독일인과 진심 친해지려면 축구경기를 함께 보러 가는 것보다
'에코프렌들리한 생활자세'를 보여주는 것이 더욱 효과적일 수 있습니다. 축구야 취향일 수 있지만 환경문제는 '절대 갑'입니다. 환경보호에 무지한 사람을 인간으로 보기 힘들어하는 것이 독일 사람이기 때문이죠. 그 많은 환경보호 교육과 주변의 환경보호 시스템(분리수거장에서 재활용산업, 생태자연 보호구역 및 시설 등에 이르기까지)은 독일이 얼마나 독실한 환경보호주의자인지를 보여줍니다. 사실 지구환경이 독일 사람 뿐만의 것이 아니기에 우리 역시 목숨 거는 것이 당연한 것이고요. 환경보호라는 공통의 관심사가 독일인과 친구가 되는 가장 쉬운 분야입니다. 그렇기에 독일생활에서 환경개념은 필수장착! 아이템입니다.

 ## 20-2. 독일어 평서문의 어순

가장 기본적인 어순 형태입니다.

독일어는 기본적으로 '주어 + 동사 ...' 순입니다.
시간, 장소 표현이나 강조를 위해 주어 이외의 요소가 문두에 위치할 수 있으며, 이때에도 동사의 위치는 두 번째 자리를 항상 유지합니다.

Ich spiele Fußball.
나는 축구를 합니다.

Morgen spiele ich Fußball.
나는 내일 축구를 합니다.

시간, 장소 등의 여러 개의 단어로 구성된 부사구(전치사구)가 문두에 위치할 경우,
이 역시 하나의 문장 요소로 간주하고 두 번째 위치에 동사가 옵니다.

(der Sonntag 일요일)

Practical, Useful and Easy-To-Understand Lessons!

It's the perfect book for any self-learner.   GERMAN

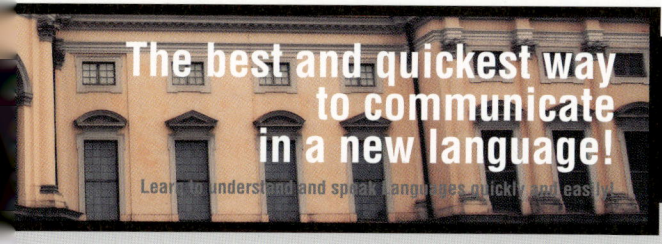
Am Sonntag um 9 Uhr morgens spiele ich Fußball.
일요일 아침 9시에 나는 축구를 합니다.

단! 대등접속사(**und**, **aber**, **oder**, **denn** 등)은 어순에 어떠한 영향도 주지 않습니다.

Denn ich mag Fußball.
왜냐하면 나는 축구를 좋아하기 때문입니다.

20-3. 독일어 의문문의 어순

❶ 의문사가 없는 의문문 :

의문사가 없는 의문문은 동사를 맨 앞에 위치시키면 됩니다.
의문부호는 당연히 끝에 자리 잡아야 하고요. · _ ·

Spielen Sie gerne Fußball?
당신은 축구를 즐겨 하십니까?

❷ 의문사가 있는 의문문 :

의문사가 있다면 맨 앞자리는 의문사에게 양보하시고,
뒤이어 동사가 바로 따라오면 되겠습니다.

Warum spielst du Fußball?
너는 왜 축구를 하니?

20-4. 독일어 명령문의 어순

명령문에서는 동사가 문장의 맨 앞에 위치합니다.
문장 마지막에 느낌표를 잊지 마시고요~!·_·

Spiel jeden Tag Fußball!
(넌) 매일 축구를 해!

Spielen wir Fußball!
우리 축구 합시다!

20-5. 독일어 분리동사 문장의 어순

분리동사의 전철은 문장의 맨 뒤로 분리됩니다. (현재/과거시제에서)
(raus 밖으로)

Ich gehe raus zum Fußball. Kommst du mit?
나 축구하러 나갈 거야. 너 같이 갈래?

Ja. Ich komme gerne mit.
응. 기꺼이 함께 갈게.

20-6. 독일어 복합동사 문장의 어순

화법조동사, 복합시제 등의 문장은 동사가 2개 이상 등장합니다.
두 번째 자리에 오는 동사는 언제나 딱 한 가지! 나머지는 문장의 맨 뒤로 후치됩니다.
독일어의 가장 중요한 특징 중의 하나입니다. 두 번째 자리엔 동사가 딱 하나만 있을 수 있습니다.
만약 의문문이라면 동사는 도치되겠고요.

(der Samstag 토요일)

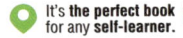
It's **the perfect book**
for any **self-learner.**

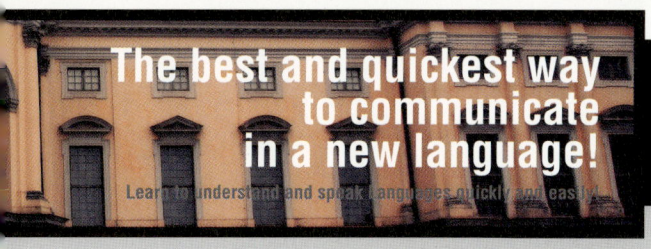
Wir müssen öfter Fußball spielen.

우리는 축구를 자주 해야 합니다.

Wir haben jeden Samstag Fußball gespielt.

우리는 매주 토요일 축구를 했습니다.

Wann wollen wir Fußball spielen?

우리 언제 축구 할까요?

Wollen wir jetzt Fußball spielen?

우리 지금 축구 할까요?

 ## 20-7. 독일어 종속문의 어순

종속접속사가 이끄는 '종속절에서 동사는 후치' 됩니다.
그리고 종속절이 주절 앞에 올 경우에 주절의 동사는 도치됩니다.

Ich spiele jeden Tag Fußball, weil es mich gesund macht.

나를 건강하게 만들어주기 때문에 나는 매일 축구를 합니다.

Obwohl es regnet, muss ich Fußball spielen.

비가 올지라도 나는 축구를 해야 합니다.

 ## 20-8. 독일어 관계문의 어순

관계문은 주절 다음에 연결되거나, 선행사 바로 다음에 연결됩니다.
중요한 것은 관계문의 어순은 '동사후치' 라는 것입니다.

Er ist der Fußballspieler, den ich kenne.

그가 내가 아는 축구선수입니다.

20-9. 독일어 부사들의 어순

여러 개의 부사가 줄줄이 나올 때, 일반적인 어순은 '시간-방법-장소' 순입니다.

(**manchmal** 때때로, **der Sportplatz** 운동장)

Ich spiele manchmal mit dem Ball auf dem Sportplatz.
　　　　　　　(시간)　　　　(방법)　　　　　(장소)

나는 자주 공을 가지고 운동장에서 놉니다.

20-10. 독일어 부정어의 위치

부정을 표현하는 **nicht** (아니다)의 위치에 따라 문장의 의미가 달라질 수 있습니다.
기본적으로 문장 전체를 부정할 경우에는 문장의 뒤쪽에 위치합니다.
이때 후치되는 동사가 있다면 **nicht** 의 위치는 동사 바로 앞이 되겠죠.
반면 형용사, 부사, 전치사구를 부정할 때는 부정하려는 요소 바로 앞에 **nicht** 가 위치합니다.

Ich spiele nicht.
나는 경기를 하지 않습니다.

Ich kann nicht spielen.
나는 경기를 할 수 없습니다.

Ich spiele Fußball nicht gern.
나는 축구를 즐겨 하지 않습니다.

Ich spiele Fußball mit ihm heute nicht.
나는 그와 오늘 축구를 하지 않습니다.

Heute spiele ich Fußball nicht mit ihm.
오늘 나는 그와 축구를 하지 않습니다.

The best and quickest way to communicate in a new language!
Learn to understand and speak languages quickly and easily!

+ Pronunciation **Guide**
+ Basics **Grammar**
+ Common **Expressions**

 20-11. 독일어의 맛깔난 추임새 8가지!

마지막으로 여러분께 소개할 표현들은 대화중의 '추임새' 와 같은 역할을 하는데요,
어순에는 전혀 영향을 주지 않습니다. 즐겨 사용하시면 여러분의 독일어를 더욱 맛깔나게 해드릴
천연조미료들입니다. ㅎ 적극적인 맞장구가 최적의 외교술이라는 거! ·__·

(**die Mannschaft** 선수단/팀, **gewinnen** 이기다, **gerade** 방금, **der Mannschaftskapitän** 주장, **das Talent** 재능)

Ach, ja.
아! 그렇지. / 아, 그래.

Oh, nein.
아! 안돼. / 아, 아니지.

Also.
그래서. / 그러니까.

Weißt du,
있잖아, (영어의 **You know**)

Wie du weißt,
너도 알다시피,

Wie gesagt,
(내가) 말했듯이,

Ehrlich gesagt,
솔직히 말해서,

Unter uns gesagt,
우리끼리 얘기지만,

Wie gesagt, unsere Mannschaft wird gewinnen.
내가 말한 것처럼, 우리 팀이 이길 거야.

Weißt du, unsere Mannschaft gewinnt gerade.
야 있잖아, 우리 팀이 방금 이겼어.

Wie du weißt, diese Mannschaft hat gute Spieler.
너도 알다시피, 이 팀은 좋은 선수들을 가지고 있어.

Ehrlich gesagt, mir gefällt der Mannschaftskapitän nicht.
솔직히 말해서, 그 팀 주장 내 마음에 안 들어.

Unter uns gesagt, du hast kein Talent für Fußball.
우리끼리 얘긴데, 넌 축구에 재능이 없어.

Lesson* multi* plus*

The best and quickest way to communicate in a new language!

LESSON* MULTI* PLUS*

20+
Lektion 20. Multi+Plus
여행자를 위한 독일 입국심사 필수 핵심 표현!

독일 여행이 코앞에 다가왔음에도 불구하고 독일어가 전혀 준비가 안 되신 분,
독일 여행의 첫시작을 우아하게 장식하고 싶은 분들을 위해 특별한 마무리 코너를 마련했습니다!

It's the perfect book for any self-learner. GERMAN

20-1+. 독일 입국절차 과정

조만간 독일여행/유학을 노리고 계신 여러분을 위해 특별히 '독일 입국절차' 를 준비했습니다. 입국 때 보게 될 '간판' 들을 미리 익혀보시죠~!

Ankunft
도착 : 도착 사인을 보고 따라서 이동하시면 되겠죠.

Quarantäne
검역 : 우리나라는 기본적으로 제외 대상입니다. 특별히 신경 쓸 필요 없는 코너!!

Passkontrolle
입국심사 : 'EU 거주자' 와 'Non-EU 거주자' 로 나뉘어 심사받게 됩니다. 우리나라 사람은 'Non-EU' 에 해당됩니다.

Gepäckausgabe
수하물 찾기 : 입국 항공편을 확인하고 턴테이블에서 짐을 찾으면 됩니다.

Zoll
세관 : 특별히 신고할 물건이 있으신가요? 그렇다면 얘기가 좀 더 길어집니다. ·_-;

Ankunftshalle
도착 로비 : 이제부터 독일(오스트리아, 스위스) 본토 여행이 본격적으로 개시됩니다. 입국을 쌍수로 환영합니다!!

20-2+. 독일 입국심사 과정과 회화표현

누구도 피해갈 수 없는 여행회화가 있습니다.
바로 입국심사가 그것인데요, 이왕이면 알고 가는 것이 여행을 기분 좋게 시작하는 방법입니다.
'내가 독일에 왔노라!' 하고 선언하는 '공식적인 인터뷰' 가 되겠습니다.
독일인과의 대화는 반드시 눈을 보면서 하십시오. 겸손함과 수줍음을 담은 우리의 행동을 오해할 수 있습니다. 당당하게, 자신 있게, 악수할 때는 힘차게!
여러분에 대한 독일인의 신뢰는 바로 작은 부분으로부터 시작됩니다.

Practical Useful and Easy-To-Understand Lessons!

(**der Pass** 여권, **der Grund** 이유, **der Besuch** 방문, **die Geschäftsreise** 업무여행, **der Tourismus** 관광, **unterkommen** 숙박하다)

Ihren Pass, bitte.
여권, 부탁합니다.

: **Darf ich bitte Ihren Pass sehen?** 을 줄인 표현입니다.
우리나라에 비해 기본적으로 입국심사가 더딥니다.
꼼꼼하게 보시는 건지, 쉬엄쉬엄 하고 계시는 것인지 애매모호하다능. ㅋ

Hier bitte.
여기 있습니다.

: 귀국용 항공권을 여권과 함께 제시하는 것도 입국심사를 간결하게 끌고 가는 방법입니다.

Was ist der Grund Ihres Besuches?
방문 목적이 무엇입니까?

Geschäftsreise. / Tourismus.
비즈니스여행입니다. / 관광여행입니다.

: 둘 중에 하나로 말씀하시면 됩니다.

Wie lange werden Sie bleiben?
얼마간 체류하실 계획입니까?

: 항공권을 함께 제시했다면 이 질문은 걍 통과!

3 Wochen.
3주요.

: 참고적으로 독일은 3개월간 무비자 입국 및 체류가 가능합니다.
('입국신고서' 도 필요 없고요.)

Practical, Useful and
Easy-To-Understand Lessons!

+ Pronunciation Guide
+ Basics Grammar
+ Common Expressions

LESSON
MULTI*
PLUS

Learn to understand and speak Languages quickly and easily!

Wo werden Sie unterkommen?

어디에서 지내십니까?

Im Hilton Hotel. / Bei meinem Freund.

힐튼 호텔이요. / 친구집에서요.

Danke. Tschüss.

고맙습니다. 안녕~!

: 입국심사를 받을 땐 밝은 표정으로, 심사가 완료되고 여권을 돌려받을 땐 웃는 얼굴로 인사를 전해주세요. 요딴 매너는 기본이겠죠!

20-3+. 독일 공항세관원과의 대화!

세관원에게 신고할 물건이 있다면 미리 적극적으로 가방을 열어 보여주세요. 그래야 수월하게 끝납니다. 포장된 물건은 무조건 '내 개인용품이다.' 라고 말씀하시면 되고요~!

(**verzollen** 관세를 물다, **der Koffer** 가방, **das Geschenk** 선물, **persönlich** 개인적인, **der Gegenstand** 물건)

Haben Sie etwas zu verzollen?

세관 신고하실 것이 있습니까?

Nein, ich habe nichts zu verzollen.

아니요, 신고할 것이 없습니다.

Bitte, öffnen Sie Ihren Koffer. Was ist das?

가방을 좀 열어주시겠습니까? 이것은 뭐죠?

**Ein Geschenk für meinen Freund. /
Meine persönlichen Gegenstände.**

제 친구 선물입니다. / 제 개인용품입니다.

입국심사 끄읕~! 자! 이제부턴 독일을 여러분 안에 담는 것만 남았네요~!
Gute Reise! 완전 존 여행되쎄오~!

Practical, **Useful** ard
Easy-To-Understad Lessons!

The quickest way for slow learners!

생활회화, 여행회화 능력
강화를 위한 해결책 1. (부록)

청취력, 회화능력 강화를 위해 준비한 MP3용 스크립트입니다.
본문에 소개된 문장을 선별하여 정리하였으며, 문법 설명용
문장은 구어체 또는 회화용 문장으로 대체된 것도 있습니다.
학습자 편의와 손쉽고 빠른 검색을 위해
모든 문장은 일련번호로 정리했습니다.

It's **the perfect book** for any **self-learner.**

생활회화, 여행회화 능력
강화를 위한 해결책 2. (부록)

전체 스크립트는 여러분의 모바일 디바이스에서도 보실 수
있도록 PDF로 제공됩니다. 부록으로 제공된 CD를
확인하여 주십시오. PDF를 보면서, MP3를 들으면서! ^_^

Lektion 01
완전 반갑다, 독일어의 알파벳과 모음!
Das Alphabet (1)
알파벳 (1)

01-01	**Audi**	**Benz** **BMW**
01-02	**adidas**	**Osram** **Nivea**
01-03	**Agfa**	**Siemens** **Allianz**

01-00 Alphabet

A a	**B b**	**C c**
D d	**E e**	**F f**
G g	**H h**	**I i**
J j	**K k**	**L l**
M m	**N n**	**O o**
P p	**Q q**	**R r**
S s	**T t**	**U u**
V v	**W w**	**X x**
Y y	**Z z**	

01-04	**Audio** 오디오	01-05	**Auto** 자동차
01-06	**Mann** 남자	01-07	**Bett** 침대
01-08	**Pilz** 버섯	01-09	**offen** 열다
01-10	**Beruf** 직업		
01-11	**liegen** 놓여있다	01-12	**fliegen** 날다
01-13	**Bäcker** 베커	01-14	**Köller** 쾰러

01-15	**Müller** 뮐러		
01-16	**jung** 젊은	01-17	**Typ** 타입
01-18	**Boot** 배	01-19	**Tee** 차
01-20	**Braun** 갈색	01-21	**Traum** 꿈
01-22	**Mai** 5월		
01-23	**Ei** 달걀	01-24	**Meyer** 마이어 (성씨)
01-25	**Europa** 유럽	01-26	**Kräuter** 허브

Lektion 01. Multi+Plus
독일어 알파벳과 함께 하는
독일 출신의 잘난 사람들!

01+01	**Ludwig van Beethoven**
01+02	**Franz Schubert**
01+03	**Georg Friedrich Händel**
01+04	**Robert Schumann**
01+05	**Albrecht Dürer**
01+06	**Hans Holbein**
01+07	**Matthias Grünewald**
01+08	**Paul Klee**
01+09	**Martin Luther**
01+10	**Friedrich Nietzsche**
01+11	**Karl Marx**

01+12	Georg Wilhelm Hegel
01+13	Johannes Gutenberg
01+14	Carl Friedrich Gauß
01+15	Albert Einstein
01+16	Georg Ohm
01+17	Franz Beckenbauer
01+18	Gerd Müller
01+19	Steffi Graf
01+20	Michael Schumacher

The quickest way for slow learners!

Lektion 02
정말 쉽다, 독일어의 자음과 발음규칙!
Das Alphabet (2)
알파벳 (2)

02-01	leben 살다	02-02	Lob 찬양
02-03	Feder 깃털	02-04	Hand 손
02-05	Gold 금	02-06	Tag 낮/날
02-07	Lippe 입술	02-08	Mappe 지도
02-09	rot 붉은	02-10	Ton 소리
02-11	kommen 오다	02-12	Klasse 학급
02-13	Rose 장미	02-14	Glas 컵
02-15	Fuß 발	02-16	Fußball 축구
02-17	spät 늦은	02-18	Stadt 도시
02-19	Fisch 물고기	02-20	Deutschland 독일
02-21	Haus 집	02-22	leihen 빌리다
02-23	Volk 국민	02-24	Wagen 자동차
02-25	Taxi 택시	02-26	nix 아무것도 아니다
02-27	Polizei 경찰	02-28	Benz 벤츠
02-29	Bach 바흐	02-30	Milch 우유
02-31	lecker 맛있는	02-32	dick 뚱뚱한
02-33	lang 긴	02-34	Bank 은행
02-35	Kopf 머리	02-36	Pfeffer 후추
02-37	Qualität 품질	02-38	Nation 국가
02-39	Tag 날	02-40	Tal 계곡
02-41	U-boot 잠수함	02-42	Tee 차
02-43	Mehl 밀가루	02-44	Schuh 신발
02-45	Mann 남자	02-46	Kamm 빗

Lektion 02. Multi+Plus
인사표현으로 정복하는 독일어 발음법!

02+01 **Guten Morgen!**
안녕하세요! (= 좋은 아침!)

02+02 **Guten Tag!**
안녕하세요!

02+03 **Guten Abend!**
안녕하세요!

02+04 **Gute Nacht!**
안녕히 주무세요!

02+05 **Guten Appetit!**
맛있게 드세요! (맛있게 먹겠습니다!)

02+06 **Guten Erfolg!**
많은 성과 있으세요!

02+07 **Gute Besserung!**
빨리 완쾌하세요!

02+08 **Alles Gute!**
모든 일 잘되세요!

02+09 **Gesundheit!**
건강하세요!

02+10 **Mahlzeit!**
식사하세요!

02+11 **Prost!**
건배!

02+12 **Entschuldigung.**
실례합니다.

02+13 **Tschüss!**
안녕!

Lektion 03
진짜 초보 학습자를 위한
특별한 '독일어' 오리엔테이션
Deutsch
독일어

03-01 **Ich bin Koreaner / Koreanerin.**
나는 한국남자(여자)입니다.

03-02 **Ich lerne Deutsch.**
나는 독일어를 배웁니다.

03-03 **Ich kann Deutsch sprechen.**
나는 독일어를 말할 수 있습니다.

03-04 **Der Mann gibt dem Kind einen Ball.**
그 남자는 그 아이에게 하나의 공을 줍니다.

03-05 **Sie ist eine gute Frau.**
그녀는 좋은 여자입니다.

03-06 **Sie ist in dem Badezimmer.**
그녀는 욕실에 있습니다.

Lektion 03. Multi+Plus
독일 여행준비 0순위는 '숫자 읽기' 다!

03+01 **618 sechs hundert achtzehn**

03+02 **7,351 sieben tausend drei hundert
ein und fünfzig**

03+03 **54 EURO vier und fünfzig Euro**

03+04 **20,5° zwanzig Komma fünf Grad**

It's the perfect book
for any self-learner.
GERMAN

Lektion 04
드디어 독일어 문장을 만들다! 인칭대명사(1)와 동사(1)
Ich bin Gangdduk Stil.
나는 강뚝 스타일.

04-01 **Ich bin Gangdduk Stil.**
나는 강뚝 스타일.

04-02 **Er ist Erich.**
그는 에리히입니다.

04-03 **Wir sind Koreaner.**
우리는 한국인입니다.

04-04 **Bist du Koreanerin?**
너는 한국인(여자)이니?

04-05 **Ist sie Japanerin?**
그녀는 일본인(여자)입니까?

04-06 **Sind Sie Amerikaner?**
당신(들)은 미국인입니까?

04-07 **Ich lerne Deutsch.**
나는 독일어를 배운다.

04-08 **Du lernst Deutsch.**
너는 독일어를 배운다.

04-09 **Er lernt Koreanisch.**
그는 한국어를 배운다.

04-10 **Wir lernen English.**
우리는 영어를 배운다.

04-11 **Ihr lernt Koreanisch.**
너희는 한국어를 배운다.

04-12 **Sie lernen English.**
그(당신)들은 영어를 배운다.

04-13 **Ich arbeite fleißig.**
나는 부지런히 일한다.

04-14 **Du arbeitest fleißig.**
너는 부지런히 일한다.

04-15 **Er arbeitet fleißig.**
그는 부지런히 일한다.

04-16 **Wir arbeiten fleißig.**
우리는 부지런히 일한다.

04-17 **Ihr arbeitet fleißig.**
너희는 부지런히 일한다.

04-18 **Sie arbeiten fleißig.**
그(당신)들은 부지런히 일한다.

Lektion 04. Multi+Plus
드디어 여러분께서 인칭대명사와 동사로
만들어낼 수 있는 독일어 문장들!

04+01 **Ich lerne fleißig Deutsch.**
나는 독일어를 열심히 배웁니다.

04+02 **Lernt er Deutsch fleißig?**
그는 독일어를 열심히 배웁니까?

04+03 **Ich lerne nicht fleißig.**
나는 열심히 배우지 않습니다.

04+04 **Arbeitest du nicht?**
너 일 안 하니?

04+05 **Arbeitet er nicht fleißig?**
그는 열심히 일하지 않습니까?

04+06 **Ich bin froh.**
나는 기쁩니다.

04+07 **Ich bin satt.**
나는 배불러요.

04+08 **Bist du müde?**
너 피곤하니?

04+09 **Ich bin nicht müde.**
나 안 피곤해.

04+10 **Sie ist schön.**
그녀는 예쁩니다.

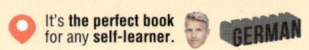

04+11 Ich bin es.
저입니다.

04+12 Sie ist es.
그녀입니다.

04+13 Kommt er hierher?
그가 여기로 옵니까?

04+14 Nein, er kommt nicht.
아니오, 그는 오지 않습니다.

04+15 Ja, ich komme.
네, 나는 옵니다. (네, 나가요.)

Lektion 05
정관사 + 명사, 그리고 정관사의 형제들
Ja, solche suche ich.
그래. 난 그런 여자를 찾고 있어.

05-01 Der Mann sendet der Frau den Brief.
남자는 여인에게 편지를 보낸다.

05-02 Der Sohn bringt dem Vater die Post.
아들이 아버지에게 우편물을 가져다줍니다.

05-03 Die Mutter kauft dem Kind das Kleid.
어머니가 아이에게 옷을 사줍니다.

05-04 Ich kaufe dieses Buch und
sie kauft jene Tasche.
나는 이 책을 사고 그녀는 저 가방을 산다.

05-05 Dieser Wein ist sehr süß.
이 와인은 매우 달콤합니다.

05-06 Solche Liebe dauert nicht lang.
그런 사랑은 오래 못 가.

05-07 Aller Anfang ist schwer.
모든 시작은 어렵다. (격언 : 시작이 반이다.)

05-08 Sie kommt noch nicht.
그녀는 아직 오지 않는다.

05-09 Diesen kenne ich nicht.
이 남자를 나는 모릅니다.

05-10 Suchst du solche Frau?
너 그런 여자를 찾고 있니?

05-11 Ja, solche suche ich.
그래. 그런 여자를 난 찾고 있어.

Lektion 05. Multi+Plus
독일어 정관사류와 조금 더 친해지기!

05+01 Der Lehrer beginnt den Unterricht.
선생님은 수업을 시작합니다.

05+02 Der Lehrer schenkt der Schülerin das Buch.
선생님은 여학생에게 책을 선사합니다.

05+03 Der Schüler öffnet das Buch.
학생은 책을 펼칩니다.

05+04 Die Professorin kennt nicht den Schüler.
여교수님은 그 학생을 모릅니다.

05+05 Der Kunde kauft das Auto.
손님이 자동차를 구매합니다.

05+06 Ich habe das Handy.
나는 그 핸드폰을 가지고 있습니다.

05+07 Hast du das Buch?
너 그 책 가지고 있니?

05+08 Er hat den Wagen auch.
그도 또한 그 차를 가지고 있습니다.

05+09 Ich habe Hunger.
나 배고파요.

05+10 Ich habe Fieber.
나 열나요.

05+11 Hast du Zeit?
너 시간 있니?

05+12 Sie haben recht.
당신이 옳아요.

05+13 Sie haben Glück.
당신은 행운을 가지셨네요. (운이 좋으시네요.)

05+14 Ich habe Pech.
나는 불운을 가졌다. (운이 없다.)

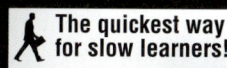

The quickest way for slow learners!

Lektion 06
부정관사 + 명사, 그리고 부정관사의 자매들
Mein Name ist Maria.
내 이름은 마리아입니다.

06-01 Ich habe einen Sohn.
나는 아들이 하나 있습니다.

06-02 Sie hat nur eine Tochter.
그녀는 외동딸이 있습니다.

06-03 Das ist eine Tasche.
그것은 지갑이다.

06-04 Mein Name ist Maximilian.
나의 이름은 막시밀리안입니다.

06-05 Sein Onkel schreibt deiner Tante eine E-Mail.
그의 삼촌은 너의 이모에게 메일을 씁니다.

06-06 Ihr Lehrer kauft seinem Sohn ein Fahrrad.
그녀의 선생님은 자신의 아들에게 자전거를 사줍니다.

06-07 Sein Bruder hat eine Freundin.
그의 형은 여친이 있습니다.

06-08 Das ist eine Uhr.
그것은 시계입니다.

06-09 Das ist keine Uhr.
그것은 시계가 아닙니다.

06-10 Ich esse kein Fleisch und keinen Fisch.
나는 고기와 생선을 먹지 않습니다.

06-11 Mein Freund hat kein Geld.
내 친구는 돈이 없습니다.

06-12 Ich liebe dich aber du liebst sie.
나는 너를 사랑하는데 너는 그녀를 사랑한다.

06-13 Sie antwortet ihm nicht.
그녀는 그에게 대답하지 않습니다.

06-14 Ich gebe der Schülerin das Buch.
나는 책을 그 여학생에게 줍니다.

06-15 Ich gebe es ihr.
나는 그것을 그녀에게 줍니다.

The quickest way for slow learners!

Lektion 06. Multi+Plus
독일어 관사류, 이제 종칩시다!

06+01 Ich esse einen Apfel.
나는 사과를 먹습니다.

06+02 Ich esse den Apfel nicht.
나는 그 사과를 먹지 않습니다.

06+03 Ich esse keinen Apfel.
나는 사과를 먹지 않습니다.

06+04 Wie ist Ihr Name?
당신의 이름은 어떻게 되세요?
(당신의 이름은 무엇입니까?)

06+05 Mein Name ist Kim.
저의 이름은 김입니다.

06+06 Wie heißen Sie?
당신은 어떻게 부릅니까? (당신의 이름은 무엇입니까?)

06+07 Ich heiße Kim.
저는 김이라고 합니다.

06+08 Und Sie?
그러면 당신은요?

07+10 **Ich komme gerade.**
나 금방 가.

07+11 **Wo wohnst du?**
너는 어디 사니?

07+12 **Ich wohne in Stuttgart.**
나는 슈투트가르트에 살아.

07+13 **Was ist das?**
그것은 무엇이니?

07+14 **Das ist ein Wagen.**
그것은 자동차야.

07+15 **Was ist sie?**
그녀는 무엇이니?

07+16 **Sie ist Model.**
그녀는 모델이야.

07+17 **Wie heisst du?**
네 이름은 뭐니?

07+18 **Ich heisse Psy.**
나는 싸이라고 해.

07+19 **Warum kommst du nicht zu mir?**
너 나한테 왜 안 오니?

07+20 **Ich habe keine Zeit.**
나 시간이 없어.

The quickest way for slow learners!

Lektion 08
활용도 만땅의 화법조동사!
Ich kann Deutsch sprechen.
나 독일어 할 수 있어.

08-01 **Ich kann Deutsch sprechen.**
나는 독일어를 말할 수 있습니다.

08-02 **Er kann es nicht machen.**
그는 그것을 할 수 없습니다.

08-03 **Können Sie einen Augenblick warten?**
(손님) 잠시만 기다려주시겠습니까?

08-04 **Das kann sein.**
그럴 수 있습니다.

08-05 **Musst du gehen?**
너 꼭 가야하니?

08-06 **Ja, ich muss gehen.**
응, 나 가야해.

08-07 **Wir müssen zwei Kriminalromane lesen.**
우리는 추리소설 두 권을 읽어야 한다.

08-08 **Das müssen Sie nicht sagen.**
당신(들)은 그것을 말할 필요 없습니다.

08-09 **Darf ich hier rauchen?**
여기서 흡연해도 됩니까?

08-10 **Du darfst noch nicht rauchen.**
너는 아직 담배를 피우면 안 돼.

08-11 **Darf ich hier parken?**
여기에 주차해도 됩니까?

08-12 **Du darfst das behalten.**
너 그거 가져도 돼.

08-13 **Ich will Politiker werden.**
나는 정치가가 될 것입니다.

08-14 **Morgen will ich nach Frankfurt fliegen.**
내일 나는 프랑크푸르트로 갈 것입니다.

08-15 **Wir sollen ehrlich sein.**
우리는 정직해야 합니다.

08-16 **Wie soll ich tun?**
내가 어떻게 해야 합니까?

08-17 **Ich soll Politiker werden.**
나는 정치가가 되어야 합니다.

08-18 **Er mag schwimmen.**
그는 수영을 좋아합니다.

08-19 **Ich mag dich sehr.**
나는 너를 너무 좋아해.

08-20 **Das Mädchen mag keinen Fisch.**
소녀는 생선을 좋아하지 않습니다.

08-21 **Ich möchte Cola trinken.**
저는 콜라를 마시고 싶습니다.

08-22 **Ich möchte mitgehen.**
제가 같이 가고 싶습니다.

08-23 **Ich möchte Herrn Maier sprechen.**
마이어 씨와 통화하고 싶습니다.

08-24 **Ich möchte fragen.**
여쭙고 싶습니다.

08-25 **Ich kann ein bisschen Spanisch.**
나는 스페인어를 약간 합니다.

08-26 **Heute muss ich nach Köln.**
오늘 나는 쾰른으로 가야합니다.

08-27 **Ich will das Geld nicht.**
나는 그 돈을 원치 않습니다.

08-28 **Ich möchte Cola.**
저는 콜라요.

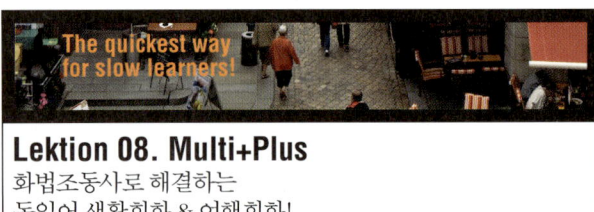

Lektion 08. Multi+Plus
화법조동사로 해결하는
독일어 생활회화 & 여행회화!

08+01 **Möchten Sie etwas essen?**
뭐 좀 드시겠습니까?

08+02 **Möchten Sie den Wein probieren?**
와인 시음하시겠습니까?

08+03 **Möchten Sie einen Nachtisch?**
후식을 원하십니까?

08+04 **Wir möchten bestellen.**
저희 주문하겠습니다.

08+05 **Ich möchte heute Abend Eisbein essen.**
저는 오늘 저녁 아이스바인을 먹고 싶습니다.

08+06 **Ich möchte Wiener Schnitzel.**
저는 비엔나 돈가스요.

08+07 **Bitte!**
여기요.

08+08 **Die Speisekarte, bitte.**
메뉴판 좀 주세요.

08+09 **Bedienung, bitte.**
여기요.

08+10 **Ich möchte bestellen.**
주문하겠습니다.

08+11 **Was können Sie empfehlen?**
추천 좀 해주시겠습니까?

08+12 **Ich esse gern Fleisch.**
나는 고기를 먹겠습니다.

08+13 **Ich esse kein Fisch.**
나는 생선을 못 먹습니다.

08+14 **Ich bin Vegetarier/in.**
채식주의자입니다.

08+15 **Es schmeckt mir sehr gut.**
아주 맛있습니다.

08+16 **Lecker!**
맛있다!

08+17 **Es ist zu salzig / scharf / süß.**
너무 짭니다 / 맵습니다 / 답니다.

08+18 **Ich bin satt.**
배부릅니다.

08+19 **Zahlen, bitte.**
계산이요.

Lektion 09
와~! 아기자기하다, 독일어 전치사! (1)
Während des Urlaubs bleibe ich in Berlin.
휴가기간 동안 나는 베를린에 머뭅니다.

09-01 **Er wohnt in dem schönen Haus.**
그는 그 아름다운 집에 삽니다.

09-02 **Ich trinke Tee statt Kaffee.**
나는 커피 대신에 차를 마십니다.

09-03 **Statt des Nachtischs nehme ich eine Tasse Kaffee.**
나는 후식 대신에 커피 한 잔을 합니다.

09-04 **Die Party findet trotz des Regens draußen statt.**
비에도 불구하고 파티는 밖에서 열립니다.

09-05 **Sie spielen trotz des Regens Golf.**
그들은 비가 옴에도 골프를 칩니다.

09-06 **Während des Urlaubs bleibe ich in Berlin.**
휴가기간 동안 나는 베를린에 머뭅니다.

09-07 **Manche Tiere schlafen während des Winters.**
많은 동물들이 겨울 동안에 잠을 잡니다.

09-08 **Wegen des Wetters bleiben wir zu Hause.**
날씨 때문에 우리는 집에 머뭅니다.

09-09 **Wegen des Lärms kann ich nicht schlafen.**
소음 때문에 나는 잠을 못잡니다.

09-10 **Sie geht aus dem Zimmer.**
그녀는 그 방에서 나갑니다.

09-11 **Ich komme aus Korea.**
나는 한국에서 왔습니다.

09-12 **Mein Freund wohnt noch bei seinen Eltern.**
나의 남친은 아직도 자신의 부모님 집에 살고 있습니다.

09-13 **Mein Onkel arbeitet bei der Firma.**
나의 삼촌은 그 회사에서 일합니다.

09-14 **Er spricht mit dem Professor.**
그는 교수님과 이야기합니다.

09-15 **Ich fahre mit der U-bahn.**
나는 지하철을 타고 갑니다.

09-16 **Nach dem Essen liest er ein Buch.**
식사 후에 그는 책을 읽습니다.

09-17 **Der Zug fährt nach Hamburg.**
그 기차는 함부르크를 향해 갑니다.
(함부르크 행입니다.)

09-18 **Wie weit ist es von Bonn nach München?**
본에서 뮌헨까지 얼마나 멉니까?

09-19 **Der Freund von meiner Schwester heisst Schweinsteiger.**
내 여동생의 남친은 슈봐인슈타이거입니다.

09-20 **Sie lernt seit drei Jahren Deutsch.**
그녀는 3년째 독일어를 배우고 있습니다.

09-21 **Er lernt seit dem Abendessen in seinem Zimmer.**
그는 저녁식사 이래로 자신의 방에서 공부합니다.

09-22 **Kannst du zu mir heute Nacht?**
오늘 밤 나에게 올 수 있니?

09-23 **Er geht zu einer Ausstellung.**
그는 전시회에 갑니다.

09-24 **Er geht durch den Park.**
그는 공원을 통해 갑니다.

09-25 **Unser Zug fährt durch den Tunnel.**
우리의 기차는 터널을 통과합니다.

09-26 **Vielen Dank für Ihre Einladung!**
당신의 초대에 대해 감사드립니다.

09-27 **Sie kocht für den Gast Tee.**
그녀는 손님을 위해 차를 끓입니다.

09-28 **Ich trinke Kaffee ohne Zucker.**
나는 설탕 없이 커피를 마십니다.

09-29 **Das kannst du ohne mich machen.**
너는 나 없이 그것을 할 수 있어.

09-30 **Wir laufen um den Sportplatz.**
우리는 운동장 주위를 달립니다.

09-31 **Sie kommen heute um 7 Uhr.**
그들은 오늘 7시에 옵니다.

09-32 **Ich fahre mit dem Bus zu meiner Tante.**
나는 버스를 타고 나의 이모님께 갑니다.

09-33 **Ich wohne seit drei Monaten bei meinem Onkel.**
나는 3개월째 나의 삼촌댁에 살고 있습니다.

09-34 **Wie lange dauert es vom Bahnhof zur Universität?**
역에서부터 대학교까지 얼마나 걸립니까?

09-35 **Ich bin zu Hause, aber sie geht jetzt nach Hause zu Fuß.**
나는 집에 있지만, 그녀는 이제 걸어서 집으로 갑니다.

09+10 **Bis dann. Auf Wiederhören.**
그럼 그때까지. 안녕히 계세요.

Lektion 10
골라 먹는 재미, 독일어 전치사! 전치사(2)
Sie geht ins Badezimmer.
그녀는 욕실 안으로 갑니다.

Lektion 09. Multi+Plus
독일인의 시간과 약속!

09+01 **Wie viel Uhr ist es?**
지금 몇 시입니까?

09+02 **Wie spät ist es?**
지금 시간이 얼마나 됐죠?

09+03 **Es ist 7 Uhr.**
지금은 7시입니다.

09+04 **Brecht.**
브레히트입니다.

09+05 **Hallo, Herr Brecht? Hier ist Kim.**
여보세요, 브레히트씨? 김입니다.

09+06 **Essen Sie heute Abend mit mir?**
저와 오늘 저녁 식사하시겠습니까?

09+07 **Ja, gerne.**
네, 좋습니다.

09+08 **Um 7, geht das?**
7시, 어떠세요?

09+09 **Ja, gut.**
네, 좋습니다.

10-01 **Wo hängt die Weltkarte?**
세계지도는 어디에 걸려있습니까?

10-02 **Die Weltkarte hängt an der Wand.**
세계지도는 벽에 걸려있습니다.

10-03 **Wohin hängt der Lehrer die Weltkarte?**
선생님은 세계지도를 어디에 걸고 있습니까?

10-04 **Der Lehrer hängt die Weltkarte an die Wand.**
선생님은 세계지도를 벽에 겁니다.

10-05 **Die Zeitung liegt auf dem Tisch.**
신문은 탁자 위에 놓여있습니다.

10-06 **Ich lege die Zeitung auf den Tisch.**
나는 신문을 탁자 위에 놓습니다.

10-07 **Das Bild hängt über dem Bett.**
그림은 침대 위에 걸려 있습니다.

10-08 **Er hängt das Bild über das Bett.**
그는 그림을 침대 위에 겁니다.

10-09 **Sie ist in dem Badezimmer.**
그녀는 욕실 안에 있습니다.

10-10 **Sie geht in das Badezimmer.**
그녀는 욕실 안으로 갑니다.

10-11 **Er steht hinter einem Baum.**
그는 나무 뒤에 서있습니다.

10-12 **Er läuft hinter einen Baum.**
그는 나무 뒤로 달려갑니다.

10-13 **Der Hund ist unter dem Tisch.**
개는 탁자 아래에 있습니다.

10-14 **Der Hund läuft unter den Tisch.**
개가 탁자 아래로 달려갑니다.

10-15 **Der Briefträger steht vor der Tür.**
우체부가 문 앞에 서있습니다.

10-16 **Der Briefträger kommt vor die Tür.**
우체부가 문 앞으로 옵니다.

10-17 **Ein Ball liegt zwischen meinen Beinen.**
공이 내 다리 사이에 있습니다.

10-18 **Das Kind wirft einen Ball zwischen meine Beine.**
소년이 내 다리 사이로 공을 던집니다.

10-19 **Sie klopft ans Fenster.**
그녀가 창문을 노크합니다.

10-20 **Ich gehe zur Post am Marktplatz.**
나는 시장에 있는 우체국으로 갑니다.

10-21 **Ich schaue durchs Fenster.**
나는 창문을 통해 봅니다.

10-22 **Wir gehen heute abend ins Theater.**
우리는 오늘 저녁에 극장에 갑니다.

10-23 **Ich kaufe Wurst beim Fleischer.**
나는 소시지를 정육점에서 삽니다.

10-24 **Womit schreibst du?**
너는 무엇으로 쓰고 있니?

10-25 **Schreibst du mit dem Kugelschreiber?**
너 볼펜으로 쓰고 있니?

10-26 **Ja, ich schreibe damit.**
응, 나 그것으로 쓰고 있어.

10-27 **Worauf wartest du?**
너는 무엇을 기다리고 있니?

10-28 **Wartest du auf ihre Antwort?**
너 그녀의 대답을 기다리고 있니?

10-29 **Nein, ich warte nicht darauf.**
아니, 난 그것을 기다리고 있지 않아.

10-30 **Ja, ich bin dafür.**
예, 저는 그것에 찬성합니다.

10-31 **Nein, ich bin dagegen.**
아니오, 저는 그것에 찬성하지 않습니다.

The quickest way for slow learners!

Lektion 10. Multi+Plus
전치사로 해결하는 독일어 여행회화!

10+01 **Haben Sie ein Zimmer mit Bad oder mit Dusche?**
욕조나 샤워기 있는 방이 있습니까?

10+02 **Haben Sie ein Zimmer frei?**
빈방 있습니까?

10+03 **Um wie viel Uhr ist das Frühstück?**
조식은 몇 시입니까?

10+04 **Ich möchte im Zimmer frühstücken.**
룸에서 조식을 원합니다.

10+05 **Ich möchte nach Korea telefonieren.**
한국으로 전화하고 싶습니다.

10+06 **Entschuldigung!**
실례합니다!

10+07 **Wo ist der Bahnhof?**
역이 어디입니까?

10+08 **Wo ist hier ein Krankenhaus?**
여기 병원은 어디에 있습니까?

10+09 **Ist das das Rathaus?**
이것이 시청입니까?

10+10 **Wie komme ich zum Hotel Hilton?**
힐튼 호텔에는 어떻게 갑니까?

10+11 **Wie komme ich dorthin?**
거기로 어떻게 갑니까?

10+12 **Das Rathaus ist in der Neustraße.**
시청은 노이가(街)에 있습니다.

10+13 **Die Bank ist in der Berliner Allee.**
은행은 베를린로(路)에 있습니다.

10+14 **Das Informationsbüro ist am Rathausplatz.**
안내소는 시청광장에 있습니다.

10+15 **Es ist dort.**
저깁니다.

10+16 **Es ist hier vorne.**
요 앞입니다.

10+17 **Gehen Sie geradeaus!**
곧장 가세요!

10+18 **Gehen Sie nach links!**
왼쪽으로 가세요!

10+19 **Gehen Sie die Treppe hinauf!**
계단을 올라가세요!

10+20 **Der Bahnhof ist auf der rechten (linken) Seite.**
역은 오른(왼)쪽 측면에 있습니다.

10+21 **Danke schön. Auf Wiedersehen.**
고맙습니다. 또 뵙겠습니다.

10+22 **Bitte schön. Auf Wiedersehen.**
별말씀을요. 또 만나요.

Lektion 11
독일어가 예뻐진다! 형용사의 변화!
Sie trägt das schöne rote Kleid.
그녀는 예쁜 빨간색 옷을 입고 있습니다.

11-01 **Die schöne Frau ist Marias Tante.**
그 아름다운 여인은 마리아의 이모입니다.

11-02 **Sie hat eine kleine Reisetasche.**
그녀는 작은 여행용 가방을 가지고 있습니다.

11-03 **Peter trinkt alten Wein und sein Sohn trinkt frische Milch.**
페터는 오래된 와인을 마시고
그의 아들은 신선한 우유를 마십니다.

11-04 **Sie trägt das schöne rote Kleid.**
그녀는 예쁜 빨간색 옷을 입고 있습니다.

11-05 **Sie sucht einen jungen Mann.**
그녀는 젊은 남자를 찾고 있습니다.

11-06 **Du bist mein bester Freund.**
너는 내 절친이야.

11-07 **Steht etwas Interessantes in der Zeitung?**
신문에 뭐 흥미로운 것이 났습니까?

11-08 **Das Alte geht, und das Neue kommt.**
낡은 것은 가고 새 것이 온다.

11-09 **Den Deutschen kenne ich nicht.**
그 독일남자를 나는 알지 못합니다.

11-10 **Die Deutsche hat blonde Haare.**
그 독일여자는 금발입니다.

11-11 **Die Deutschen sind sehr intelligent.**
독일인들은 매우 지적입니다.

Lektion 11. Multi+Plus
형용사와 함께 하는 쇼핑용 독일어 회화 모음!

11+01 **Wo ist hier ein großes Geschäft?**
여기에 큰 상점은 어디 있습니까?

11+02 **Wo ist hier eine Bäckerei?**
여기에 빵집은 어디 있습니까?

11+03 **Haben Sie einen kleinen Mantel?**
작은 재킷이 있습니까?

11+04 **Ich brauche eine Flasche Wein.**
저는 와인 한 병이 필요합니다.

11+05　**Ich möchte ein kleines Geschenk
für meine Tochter.**
딸에게 줄 작은 선물을 원합니다.

11+06　**Haben Sie etwas Billigeres?**
좀 더 싼 제품이 있습니까?

11+07　**Ich nehme das.**
그것으로 하겠습니다.

11+08　**Ich nehme das Gelbe.**
노란 것으로 하겠습니다.

11+09　**Wie viel kostet es?**
저것은 얼마입니까?

11+10　**Wie viel kostet der große Teddybär?**
저 커다란 테디베어는 얼마입니까?

11+11　**Ich möchte eine Quittung.**
영수증 주시겠습니까?

11+12　**Können Sie es als Geschenk einpacken?**
선물로 포장해주실 수 있습니까?

Lektion 12
독일어가 좀 더 좋아지는, 비교표현!
Du singst besser als Beyoncé.
너는 비욘세보다 노래를 더 잘 불러.

12-01　**Haben Sie einen billigeren Computer?**
더 싼 컴퓨터 있습니까?

12-02　**Ich möchte in einem wärmeren Klima leben.**
나는 좀 더 온화한 기후에서 살고 싶습니다.

12-03　**Wie viel kostet das teuerste Auto?**
가장 비싼 자동차는 얼마입니까?

12-04　**Ein bisschen schneller bitte!**
좀 더 빨리요!

12-05　**Lebron James ist so groß wie ich.**
르브롱 제임스는 나만큼 키가 큽니다. (나만 합니다.)

12-06　**Er ist genau so groß wie ich.**
그는 딱 나만 합니다.

12-07　**Usain Bolt läuft nicht so schnell wie ich.**
우사인 볼트는 나보다 빨리 달리지 못합니다.

12-08　**Bbakgu ist nicht so dumm wie du.**
빡구는 너보다 멍청하지 않아.

12-09　**Du singst besser als Beyoncé.**
너는 비욘세보다 노래를 더 잘 불러.

12-10　**Berlin ist größer als München.**
베를린은 뮌헨보다 더 큽니다.

12-11　**Mein Auto ist nicht teurer als sein Auto.**
내 차는 그의 차보다 더 비싸지 않습니다.

12-12　**Sie dürfen nicht schneller als 60 km/h fahren.**
당신은 시속 60km 이상 운전하면 안 됩니다.

12-13　**Kwang Soo wird immer größer.**
광수는 점점 더 크고 있습니다.

12-14　**Die Armen werden immer ärmer.**
가난한 사람들은 점점 가난해집니다.

12-15　**Das Licht schwindet immer mehr.**
불빛이 점점 더 사라집니다.

12-16　**Es wird kühler und kühler.**
날씨가 점점 더 추워진다.

12-17　**Je früher du zum Arzt gehst,
desto schneller wirst du gesund.**
네가 의사에게 빨리 가면 갈수록,
너는 더 빨리 건강해질 거야.

12-18　**Je reicher er wird, desto geiziger wird er.**
그는 부자가 되면 될수록, 점점 더 인색해진다.

12-19　**Gyeong Hwan ist der kleinste von uns.**
경환은 우리 중에서 제일 작은 사람입니다.

12-20　**Unter allen Tieren ist der Wal das größte.**
모든 동물 중에서 고래가 가장 큽니다.

12-21　**Welcher Weg ist der kürzeste?**
어떤 길이 가장 단거리입니까?

12-22　**Das ist der kürzeste Weg zum Bahnhof.**
그것이 역으로 가는 가장 지름길입니다.

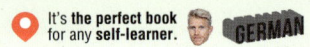
12-23 **Der Fluss ist hier am tiefsten.**
강에서 여기가 가장 깊습니다.

12-24 **Er ist am größten in der Klasse.**
교실에서 그가 가장 큽니다.

12-25 **Sie ist am schönsten in dieser Stadt.**
그녀는 이 도시에서 가장 아름답습니다.

12-26 **Seoul ist am schönsten im Herbst.**
서울은 가을에 가장 아름답습니다.

12-27 **Der Platz ist im Frühling am schönsten.**
그 곳은 봄이 가장 아름답습니다.

Lektion 12. Multi+Plus
조만간 독일 가실 분을 위한
쇼핑용 간편회화 모음전!

12+01 **Wo ist die Küchengerätabteilung?**
주방용품 코너는 어디입니까?

12+02 **Ich möchte mich nur umschauen.**
그냥 구경 좀 하고 싶습니다.

12+03 **Ich suche Taschen.**
가방을 찾고 있습니다.

12+04 **Können Sie mir das bitte zeigen?**
저것 좀 보여주실 수 있습니까?

12+05 **Darf ich das anprobieren?**
입어 봐도 됩니까?

12+06 **Es gefällt mir.**
제 마음에 듭니다.

12+07 **Es gefällt mir nicht.**
제 마음에 들지 않습니다.

12+08 **Haben Sie ein billigeres?**
좀 더 싼 것이 있습니까?

12+09 **Das nehme ich.**
그것으로 하겠습니다.

12+10 **Können Sie es einzeln verpacken?**
개별 포장해 주실 수 있습니까?

12+11 **Können Sie es als Geschenk einpacken?**
선물로 포장해 주실 수 있습니까?

12+12 **Was kostet das?**
얼마입니까?

12+13 **Eine Quittung, bitte.**
영수증 부탁합니다.

12+14 **Kann ich eine Tüte haben?**
봉지를 받을 수 있습니까?

12+15 **Das ist kaputt.**
이거 고장 났습니다.

12+16 **Können Sie das gegen ein neues umtauschen?**
새 것으로 교환해주실 수 있습니까?

12+17 **Drei plus drei ist sechs.**
3 더하기 3은 6.

12+18 **Sechs minus drei ist drei.**
6 빼기 3은 3.

12+19 **Drei mal drei ist neun.**
3 곱하기 3은 9.

12+20 **Neun geteilt drei ist drei.**
9 나누기 3은 3.

Lektion 13
독일어 디테일의 힘! 소소한 문법 모음!
Wir lieben uns sehr.
우리는 정말 서로 사랑합니다.

13-01 **Es regnet.**
비가 온다.

13-02 **Hier regnet es viel.**
여기는 비가 많이 온다.

13-03 Es schneit seit zwei Tagen.
이틀째 눈이 온다.

13-04 Es donnert und blitzt.
천둥 번개가 친다.

13-05 Es dunkelt immer mehr.
점점 어두워진다.

13-06 Es ist heiß.
날씨가 덥습니다.

13-07 Es wird kalt.
날씨가 추워집니다.

13-08 Es ist mir kalt.
나는 춥습니다.

13-09 Es ist Sommer.
여름입니다.

13-10 Es ist sechs Uhr.
6시입니다.

13-11 Ich freue mich.
나는 기쁩니다.

13-12 Freust du dich?
너 기쁘니?

13-13 Ich erkälte mich.
나는 감기에 걸렸습니다.

13-14 Erkältest du dich?
너 감기 걸렸니?

13-15 Ich wasche mir die Hände.
나는 손을 씻습니다.

13-16 Wäschst du dir die Hände?
너 손 씻니?

13-17 Er setzt sich auf eine Bank.
그는 벤치 위에 앉습니다.

13-18 Wir lieben uns sehr.
우리는 서로 정말 사랑합니다.

13-19 Ich stehe morgens früh auf.
나는 아침에 일찍 일어납니다.

13-20 Er geht mit Freunden aus.
그는 친구들과 함께 나갑니다.

13-21 Sie kommt heute nicht zurück.
그녀는 오늘 돌아오지 않습니다.

13-22 Hast du heute etwas vor?
너 오늘 뭐 할거니?

13-23 Ich rufe dich heute nacht an.
내가 너한테 오늘 밤에 전화할게.

13-24 Ich muss morgens früh aufstehen.
나는 아침에 일찍 일어나야만 합니다.

13-25 Er will mit Freunden ausgehen.
그는 친구들과 나가려고 합니다.

13-26 Ich besuche meinen Onkel.
나는 나의 삼촌을 방문합니다.

13-27 Verstehen Sie mich?
제 말 이해하시겠습니까?

13-28 Ich erfülle den Vertrag.
나는 양식을 기입합니다.

13-29 Antworte mir!
내게 대답해!

13-30 Sag mal!
말 좀 해!

13-31 Sag nichts!
아무 것도 말하지 마!

13-32 Komm sofort!
당장 와!

13-33 Schlaf gut!
잘 자!

13-34 Sprechen Sie auf Deutsch!
독일어로 말씀해주세요!

13-35 Gib es ihm!
그것을 그에게 줘!

13-36 Guck mal!
봐봐!

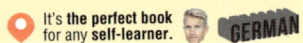

13-37 **Nimm das Buch und lies es!**
그 책 가져와서 읽어!

13-38 **Gehen wir ins Kino!**
영화 보러갑시다!

13-39 **Lernen wir Deutsch!**
독일어를 배웁시다!

The quickest way for slow learners!

Lektion 13. Multi+Plus
분리동사 100배 활용하는 독일어 여행회화!

13+01 **Wann fährt der Zug ab?**
기차는 언제 출발합니까?

13+02 **Um wie viel Uhr fährt der Bus ab?**
버스는 몇 시에 출발합니까?

13+03 **Wann kommt der Zug in Köln an?**
기차는 쾰른에 언제 도착합니까?

13+04 **Wann kommt der Bus aus Berlin an?**
베를린으로부터 오는 버스는 언제 도착합니까?

13+05 **Wo fährt der Bus nach Hamburg ab?**
함부르크 행 버스는 어디에서 출발합니까?

13+06 **Wo kann ich einsteigen?**
어디에서 승차할 수 있습니까?

13+07 **Wo muss ich umsteigen?**
어디에서 환승해야 합니까?

13+08 **Muss ich umsteigen?**
환승해야 합니까?

13+09 **Wann soll ich aussteigen?**
언제 하차해야 합니까?

13+10 **Ich steige in München ein.**
나는 뮌헨에서 승차합니다.

13+11 **Ich steige in Dortmund aus.**
나는 도르트문트에서 하차합니다.

13+12 **Ich fliege von München um 12 Uhr ab.**
나는 12시에 뮌헨으로부터 이륙합니다.

13+13 **Wie geht es Ihnen?**
어떻게 지내십니까?

13+14 **Es geht mir gut.**
잘 지내고 있습니다.

13+15 **Es gibt ein Wörterbuch.**
사전이 하나 있습니다.

13+16 **Es gibt sehr viele Menschen.**
정말 많은 사람들이 있습니다.

13+17 **Es gibt keine Lösung.**
해결책이 없습니다.

13+18 **Gibt es hier eine Apotheke?**
여기에 약국이 있습니까?

13+19 **Wie gefällt es dir in Berlin?**
베를린이 네 마음에 드니?

13+20 **Es gefällt mir sehr gut.**
내 마음에 정말 들어.

13+21 **Das Heft gehört mir.**
그 노트는 내 것입니다.

13+22 **Es gehört nicht ihm.**
그것은 그의 것이 아닙니다.

Lektion 14
독일어 과거와 미래를 말하다!
Er wird an der Universität Heidelberg studieren.
그는 하이델베르크 대학에서 공부할 것입니다.

14-01 Ich werde Deutsch lernen fleißig.
나는 독일어를 열심히 공부할 것이다. (구어체)

14-02 Ich werde ins Konzert gehen.
나는 콘서트에 갈 것입니다.

14-03 Er wird bald in Deutschland ankommen.
그는 곧 독일에 도착할 것입니다.

14-04 Wir werden gewinnen.
우리가 이길 것입니다.

14-05 Wie lange werden Sie hier bleiben?
여기에 얼마나 머무르실 것입니까?

14-06 Er wird an der Universität Heidelberg studieren.
그는 하이델베르크 대학에서 공부할 것입니다.

14-07 Morgen gehe ich ins Konzert.
나는 내일 콘서트에 갑니다.

14-08 Er kommt am Montag in Deutschland an.
그는 월요일 날 독일에 도착할 것입니다.

14-09 Er kommt nächste Woche zurück.
그는 다음 주에 돌아올 것입니다.

14-10 Hänsel und Gretel gingen in den Wald.
헨젤과 그레텔은 숲으로 들어갔다.

14-11 Schneewittchen und die sieben Zwerge hörten Musik.
백설공주와 일곱난장이들은 음악을 들었다.

14-12 Rotkäppchen wollte zu ihrer Großmutter gehen.
빨강모자소녀는 그녀의 할머니에게 가려고 했다.

14-13 Der Wolf war groß und stark.
늑대는 크고 사나웠다.

14-14 Albert Einstein wohnte seit 16 Jahren in München.
알베르트 아인슈타인은 16년간 뮌헨에 거주했다.

Lektion 14. Multi+Plus
이번에 독일 가실 분을 위한
교통편 여행회화 모음전!

14+01 Wo ist der Fahrkartenschalter?
승차권 판매소는 어디입니까?

14+02 Wo ist die Bushaltestelle für den Alexanderplatz?
알렉산더 광장 가는 버스정류장은 어디입니까?

14+03 Eine Tageskarte, bitte.
1일권 한 장 주십시오.

14+04 Ich steige aus.
저 내립니다.

14+05 Zum Flughafen, bitte.
공항으로 가주십시오.

14+06 Bringen Sie mich bitte zu dieser Adresse.
저를 이 주소로 데려다 주세요.

14+07 Ich habe es eilig.
저 급합니다. (빨리 좀 가주세요.)

14+08 Bitte halten Sie hier.
여기에 세워주세요.

14+09 Was kostet das?
얼마입니까?

14+10 Danke, der Rest ist für Sie.
고맙습니다, 잔돈은 가지세요.

14+11 Ich fahre morgen mit dem Auto nach Paris.
나는 내일 자동차로 파리에 갑니다.

14+12 | **Er hat nachmittags drei Unterrichtsstunden.**
그는 오후에 3시간 수업이 있습니다.

14+13 | **Sie geht ab und zu ins Kino.**
그녀는 때때로 영화관에 갑니다.

14+14 | **Es regnet tagelang.**
며칠째 비가 내립니다.

14+15 | **Komm sofort hierher!**
당장 이리로 와!

Lektion 15
여러분의 독일어 시제가 완료됩니다!
Ist Son Heung Min in Hamburg geblieben?
손흥민 (선수)는 함부르크에 머뭅니까?

15-01 | **Ich habe Kaffee getrunken.**
나는 커피를 마셨습니다.

15-02 | **Ich bin nach Berlin gefahren.**
나는 베를린으로 갔습니다.

15-03 | **Ich bin in Berlin gewesen.**
나는 베를린에 있었습니다.

15-04 | **Ist Son Heung Min in Hamburg geblieben?**
손흥민 (선수)는 함부르크에 머뭅니까?

15-05 | **Er ist Lehrer geworden.**
그는 선생님이 되었습니다.

15-06 | **Er ist in die Stadt gefahren.**
그는 도시로 차를 타고 갔습니다.

15-07 | **Sie ist nach Deutschland geflogen.**
그녀는 독일로 날아갔습니다.

15-08 | **Der Zug ist pünktlich abgefahren.**
기차는 정시에 떠났습니다.

15-09 | **Der Dieb ist durchs Fenster eingestiegen.**
도둑이 창문으로 들어갔습니다.

15-10 | **Das Kind ist ins Haus gelaufen.**
아이는 집으로 달려갔습니다.

15-11 | **Das Kind ist eingeschlafen.**
아이는 잠들었습니다.

15-12 | **Sie ist aus einem langen Traum erwacht.**
그녀는 긴 꿈에서 깨어났습니다.

15-13 | **Sein Großvater ist an Krebs erkrankt.**
그의 할아버지는 암에 걸렸습니다.

15-14 | **Sie ist plötzlich verschwunden.**
그녀는 갑자기 사라졌습니다.

15-15 | **Der Soldat ist letztes Jahr gestorben.**
그 병사는 작년에 죽었습니다.

15-16 | **Die Frau ist dem Mann gefolgt.**
그 여자는 그 남자를 따랐습니다.

15-17 | **Ich bin ihr gestern begegnet.**
나는 그녀를 어제 만났습니다.

15-18 | **Was ist hier geschehen?**
여기 무슨 일이 있었습니까?

15-19 | **Ich habe eine Katze gehabt.**
나는 고양이를 가지고 있었습니다.

15-20 | **Haben Sie den Film gesehen?**
당신은 그 영화를 보셨습니까?

15-21 | **Ich habe das Buch schon gelesen.**
나는 그 책을 이미 읽었습니다.

15-22 | **Ich habe dich gestern angerufen.**
나 어제 너한테 전화했었어.

15-23 | **Die Mutter hat das Kind auf den Stuhl gesetzt.**
어머니는 아이를 의자 위에 앉혔습니다.

15-24 | **Ich habe ihn besucht.**
나는 그를 방문했습니다.

15-25 | **Ich habe früher kommen können.**
나는 일찍 올 수 있었습니다.

15-26 | **Er hat später kommen wollen.**
그는 늦게 오려고 했습니다.

15-27 **Sie hat fleißig lernen müssen.**
그녀는 열심히 공부해야 했습니다.

15-28 **Ich habe Deutsch gekonnt.**
나는 독일어를 할 수 있었습니다.

15-29 **Er hat nicht nach Deutschland gewollt.**
그는 독일 행을 원하지 않았습니다.

15-30 **Er hat sich schwer erkältet.**
그는 심하게 감기에 걸렸습니다.

15-31 **Sie hat sich neben mich gesetzt.**
그녀는 내 옆에 앉았습니다.

15-32 **Es hat letzte Nacht geregnet.**
지난밤에 비가 내렸습니다.

15-33 **Es hat gestern ein Erdbeben gegeben.**
어제 지진이 있었습니다.

15+07 **Sie ist ins Badezimmer gegangen.**
그녀는 욕실 안으로 갔습니다.

15+08 **Sie hat das schöne rote Kleid getragen.**
그녀는 예쁜 빨간색 옷을 입고 있었습니다.

15+09 **Du hast besser als Beyoncé gesungen.**
너는 비욘세보다 노래를 잘 불렀다.

15+10 **Wir haben uns sehr geliebt.**
우리는 정말 서로 사랑했습니다.

15+11 **Als ich am Bahnhof ankam,
war der Zug schon abgefahren.**
역에 도착했을 때, 기차는 이미 떠났습니다.

15+12 **Nachdem er gestorben war,
heiratete sie wieder.**
그가 죽은 뒤에, 그녀는 재혼했습니다.

Lektion 15. Multi+Plus
독일어 현재완료 복습 및 과거완료 맛보기!

15+01 **Ich bin Gangdduk Stil gewesen.**
나는 강뚝 스타일이었습니다.

15+02 **Ja, solche habe ich gesucht.**
그래. 난 그런 여자를 찾고 있었어.

15+03 **Sein Onkel hat deiner Tante
eine E-Mail geschrieben.**
그의 삼촌은 너의 이모에게 메일을 썼습니다.

15+04 **Hast du die Adresse des Mannes gehabt?**
너 그 남자 주소 있었니?

15+05 **Ich habe Deutsch sprechen können.**
나는 독일어를 할 수 있었습니다.

15+06 **Während des Urlaubs bin ich
in Berlin geblieben.**
휴가기간 동안 나는 베를린에 머물렀습니다.

Lektion 16
여러분의 독일어가 와장창 길어지는 종속접속사!
Ich weiß, dass er Onami liebt.
나는 그가 오나미를 사랑한다는 것을 압니다.

16-01 **Er hat Hunger und er hat Durst.**
그는 배고프고 갈증 났습니다.

16-02 **Er ist arm aber er lebt glücklich.**
그는 가난하지만 행복하게 삽니다.

16-03 **Er kommt nicht, denn er ist krank.**
그는 오지 않습니다, 왜냐하면 아프기 때문입니다.

16-04 **Er geht heute oder morgen zum Arzt.**
그는 오늘 또는 내일 병원에 갑니다.

16-05 **Ich weiß, dass er Onami liebt.**
나는 그가 오나미를 사랑한다는 것을 압니다.

16-06 **Ich weiß nicht, ob er kommt oder nicht.**
나는 그가 올지 안 올지 모릅니다.

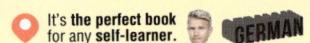
16-07 **Da er krank ist, kommt er heute nicht.**
그는 아프기 때문에 오늘 오지 않습니다.

16-08 **Ich arbeite heute nicht, weil ich Fieber habe.**
열이 있어서 나는 오늘 일하지 않습니다.

16-09 **Er ist nicht glücklich, obwohl er viel Geld hat.**
돈이 많음에도 불구하고 그는 행복하지 않습니다.

16-10 **Wenn das Wetter schön ist, gehen wir spazieren.**
만약에 날씨가 좋으면 우리는 산책을 갑니다.

16-11 **Als ich jung war, spielte ich nur Fußball.**
어렸을 때 나는 오직 축구만 했다.

16-12 **Sie spricht, als ob sie alles weiß.**
그녀는 마치 모든 것을 아는 것처럼 말한다.

16-13 **Bevor sie zur Arbeit geht, bringt sie das Kind in den Kindergarten.**
그녀는 직장에 가기 전에 아이를 유치원에 데려다 줍니다.

16-14 **Nachdem ich ferngesehen habe, gehe ich ins Bett.**
나는 TV를 보고 난 다음에 자러 갑니다.

16-15 **Ich entspanne mich, indem ich einen Krimi lese.**
나는 추리소설을 읽으면서 긴장을 풉니다.

16-16 **Bis sie zurückkommt, werde ich hier warten.**
그녀가 돌아올 때까지 나는 여기서 기다릴 것입니다.

16-17 **Seit ich von ihr alles weiß, traue ich ihr nicht mehr.**
그녀에 대해 모든 것을 알고서 나는 더 이상 그녀를 믿지 않습니다.

16-18 **Die Frau liest die Zeitung, während der Mann in der Küche kocht.**
남자가 부엌에서 요리하는 동안에, 여자는 신문을 읽습니다.

16-19 **Komm zu mir!**
나에게 와!

16-20 **Ich habe gestern nacht zu viel getrunken.**
나 어젯밤에 너무 많이 마셨어.

16-21 **Deutsch zu lernen ist nicht schwer.**
독일어를 배우는 것은 어렵지 않습니다.

16-22 **Er beginnt Deutsch zu lernen.**
그는 독일어를 배우기 시작합니다.

16-23 **Es ist nicht schwer, Deutsch zu lernen.**
독일어를 배우는 것은 어렵지 않습니다.

16-24 **Es ist unmöglich, in einer Woche Deutsch zu lernen.**
1주일 안에 독일어를 배우는 것은 불가능합니다.

16-25 **Ich muss Deutsch lernen.**
나는 독일어를 배워야 합니다.

16-26 **Deutsch ist nicht schwer zu lernen.**
독일어는 어렵지 않게 학습될 수 있습니다.

16-27 **Ich lerne Deutsch, um mehr Chancen im Beruf zu haben.**
직업에서 좀 더 많은 기회를 얻기 위해 나는 독일어를 배웁니다.

16-28 **Ich lerne Deutsch, ohne einen Kurs zu besuchen.**
나는 강좌를 다니지 않고 독일어를 배웁니다.

The quickest way for slow learners!

Lektion 16. Multi+Plus
여행자를 위한 식당용 독일어 회화 총정리

16+01 **Einen Kaffee, bitte!**
커피 한 잔이요.

16+02 **Langsamer, bitte!**
좀 더 천천히요.

16+03 **Nach links / rechts, bitte!**
왼쪽 / 오른쪽으로요.

16+04 **Zum Flughafen, bitte!**
공항으로요.

16+05 Herein, bitte!
들어오세요.

16+06 Einen Augenblick bitte!
잠시만요.

16+07 Die Speisekarte bitte!
메뉴판 좀 부탁합니다!

16+08 Die Weinliste bitte!
와인리스트 좀 부탁합니다!

16+09 Ich möchte gern bestellen.
주문하고 싶습니다.

16+10 Ich habe noch nicht gewählt.
아직 고르지 못했습니다.

16+11 Ich möchte den Wein probieren.
그 와인을 시음해보고 싶습니다.

16+12 Brathähnchen, bitte!
구운 닭요리 주세요.

16+13 Zwei davon, bitte!
그것으로 두 개 주세요.

16+14 Wir teilen uns dieses Gericht.
이 요리 우리 둘이 나눠 먹겠습니다.

16+15 Eine Nachspeise, bitte!
디저트 부탁합니다.

16+16 Das schmeckt gut.
맛이 좋네요.

16+17 Lecker!
맛있다!

16+18 Ich bin satt.
배부릅니다.

16+19 Die Rechnung, bitte!
계산서 부탁합니다.

16+20 Wie viel ist es zusammen?
전부해서 얼마입니까?

16+21 Eine Quittung, bitte!
영수증 부탁합니다.

16+22 Es hat sehr gut geschmeckt.
정말 맛있게 먹었습니다.

16+23 Vielen Dank!
고맙습니다.

Lektion 17
독일어 문장이 매끄럽게 이어진다! 관계문!
Da kommt ein Mann, den ich kenne.
저기 내가 아는 한 남자가 옵니다.

17-01 Da kommt ein Mann, den ich kenne.
저기 내가 아는 한 남자가 옵니다.

**17-02 Der Mann, der neben mir wohnt,
will nach Deutschland reisen.**
옆집에 사는 남자는 독일로 여행 가려고 합니다.

**17-03 Er sucht die Uhr,
die er gestern im Kaufhaus gekauft hat.**
그는 어제 백화점에서 산 시계를 찾고 있습니다.

**17-04 Die Frau, der ich eine Uhr geschenkt
habe, wohnt in Frankfurt.**
내가 시계를 선물한 그녀는 프랑크푸르트에 삽니다.

**17-05 Die Frau, deren Mann gestorben ist,
arbeitet im Kaufhaus.**
남편과 사별한 그 여자는 백화점에서 일합니다.

**17-06 Die Frau, mit der der Mann tanzt,
ist meine Schwester.**
그 남자와 춤추고 있는 저 여자는 나의 누나입니다.

**17-07 Das ist das Hotel,
in dem wir heute nacht bleiben.**
이 호텔이 우리가 오늘 밤에 머무를 곳입니다.

**17-08 Ein Pass ist ein Ausweis,
mit dem man ins Ausland reisen kann.**
여권은 외국으로 여행할 수 있는 증명서입니다.

**17-09 Der Rhein ist der Fluss,
an dem der Lorelei-Felsen steht.**
로렐라이 바위가 있는 곳은 라인 강입니다.

17-10 **Wen ich liebe, dem ich alles geben.**
(dem werde ich alles geben.)
내가 사랑하는 (어떤) 사람에게
나는 모든 것을 줄 것입니다.

17-11 **Das ist falsch, was er gesagt hat.**
그가 말한 것은 틀렸습니다.

17-12 **Das ist alles, was ich weiß.**
그것이 내가 아는 전부입니다.

17-13 **Glaubst du das, was er sagt?**
너는 그가 말한 것을 믿니?

17-14 **Ich werde das nie vergessen,**
was du sagst.
네가 말하는 것을 결코 잊지 않을게.

17-15 **Wer nicht arbeiten will, soll nicht essen.**
일하려 하지 않는 사람은 먹지 말아야 한다.

17-16 **Wer niemand lieben kann,**
ist unglücklich.
누구도 사랑할 수 없는 사람은 불행하다.

17-17 **Wem du hilfst,**
der wird auch dir helfen.
네가 돕는 사람은 그 역시 너를 도울 것이다.

The quickest way for slow learners!

Lektion 17. Multi+Plus
독일여행에 필요한 결정적 질문 모음!

17+01 **Wo ist mein Platz?**
제 자리는 어디입니까?

17+02 **Wo ist die Toilette?**
화장실은 어디입니까?

17+03 **Wo ist die U-Bahnstation?**
지하철역은 어디입니까?

17+04 **Wo ist der Informationsschalter?**
안내창구는 어디입니까?

17+05 **Wann beginnt die Show?**
쇼는 언제 시작합니까?

17+06 **Wann wollen Sie abfahren?**
당신은 언제 출발합니까?

17+07 **Wann macht das Kaufhaus auf?**
백화점은 언제 엽니까?

17+08 **Wann macht das Geschäft zu?**
상점은 언제 닫습니까?

17+09 **Wann ist es Ihnen recht?**
당신은 언제가 좋습니까?

17+10 **Wie ist dieses Hotel?**
이 호텔은 어떻습니까?

17+11 **Wie sagt man das auf Deutsch?**
그것을 독일어로는 어떻게 말합니까?

17+12 **Wie schmeckt diese Speise?**
이 요리는 맛이 어떻습니까?

17+13 **Wie komme ich zum Bahnhof?**
역은 어떻게 갑니까?

17+14 **Wie soll ich tun?**
제가 어떻게 해야 합니까?

17+15 **Wie lange dauert es?**
그것은 시간이 얼마나 걸립니까?

17+16 **Wie lange muss ich warten?**
제가 얼마나 기다려야 합니까?

17+17 **Wie oft fährt der Bus?**
버스는 얼마나 자주 운행합니까?

17+18 **Wie weit ist es von Berlin nach Bonn?**
베를린에서 본까지 얼마나 멉니까?

17+19 **Wie weit ist es vom Flughafen zum Hotel?**
공항에서 호텔까지 얼마나 멉니까?

17+20 **Wie viel Uhr ist es?**
몇 시입니까?

17+21	**Wie viel kostet das?**
	그것은 얼마입니까?

17+22	**Wie viele möchten Sie?**
	몇 개를 원하십니까?

Lektion 18
이제 독일어 문장을 자유자재로! 수동문!
Sie wird von mir geliebt.
그녀는 나로부터 사랑받습니다.

18-01	**Der Schüler lobt den Lehrer.**
	학생은 선생님을 존경합니다.

18-02	**Der Lehrer wird von dem Schüler gelobt.**
	선생님은 학생으로부터 존경받습니다.

18-03	**Mathias lädt Katrin zum Essen ein.**
	마티아스는 카트린을 식사에 초대합니다.

18-04	**Katrin wird von Mathias zum Essen eingeladen.**
	카트린은 마티아스로부터 식사에 초대받습니다.

18-05	**Sie wird von mir geliebt.**
	그녀는 나로부터 사랑받습니다.

18-06	**Ich werde von ihr jeden Tag geweckt.**
	나는 그녀에 의해 매일 깹니다.

18-07	**Das Haus wird durch den Sturm zerstört.**
	주택이 폭풍에 의해 파괴됩니다.

18-08	**Er ist gefeuert worden.**
	그는 해고되었습니다.

18-09	**Der Unterricht ist bis nächsten Tag aufgeschoben worden.**
	수업은 다음날로 미뤄지게 되었습니다.

18-10	**Wann ist diese Universität gegründet worden?**
	이 대학은 언제 설립되었습니까?

18-11	**Die Brücke ist von den Koreanern gebaut worden.**
	다리는 한국인들에 의해 건설되었습니다.

18-12	**Rom ist nicht an einem Tage erbaut worden.**
	로마는 하루에 이루어지지 않았다.

18-13	**Die Tür ist geöffnet.**
	그 문은 열려있습니다.

18-14	**Das Zimmer ist schön geputzt.**
	그 방은 깨끗이 청소되어 있습니다.

18-15	**Die Bank ist noch geschlossen.**
	그 은행은 아직 닫혀있습니다.

18-16	**Das Buch ist schon aut Deutsch übersetzt.**
	그 책은 이미 독일어로 번역되어 있습니다.

18-17	**Julia grüßt mich lächelnd.**
	율리아가 내게 웃으면서 인사합니다.

18-18	**Das Mädchen nickt weinend.**
	소녀는 울면서 고개를 끄덕였습니다.

18-19	**Der Feuerwehrmann geht in das brennende Haus hinein.**
	소방관이 불타는 집으로 들어갑니다.

18-20	**Ein denkender Mensch bleibt nicht da stehen.**
	생각하는 사람은 그 자리에 서서 머물지 않는다.

18-21	**Schlafende Löwen soll man nicht wecken.**
	잠자는 사자를 깨워선 안 된다.

18-22	**Sie liest nur den übersetzten Roman.**
	그녀는 번역된 소설만 읽습니다.

18-23	**Der heute in Afghanistan gestorbene Soldat ist ein Deutscher.**
	오늘 아프가니스탄에서 사망한 병사는 독일인입니다.

Lektion 18. Multi+Plus
일상회화의 절정 표현,
독일사랑 만들기!

18+01	**Hallo?**
	안녕?

18+02 **Es ist schön.**
날씨 좋다.

18+03 **Wie sagt man das auf Deutsch?**
이거 독일어로 어떻게 말해?

18+04 **Wie geht es dir?**
어떻게 지내?

18+05 **Danke gut. Und dir?**
좋아 고마워. 너는?

18+06 **Ich heiße** 광수.
나는 광수라고 해.

18+07 **Wie heißt du?**
네 이름은 뭐니?

18+08 **Ich komme aus Korea.**
나는 한국에서 왔어.

18+09 **Woher kommst du?**
넌 어디서 왔니?

18+10 **Bist du Deutscher? (Deutsche)**
너는 독일인이니? (독일 여자)

18+11 **Was bist du von Beruf?**
너는 직업이 뭐니?

18+12 **Ich bin Student. (Studentin)**
나는 학생이야.

18+13 **Ich bin Angestellter. (Angestellte)**
나는 회사원이야.

18+14 **Was ist dein Hobby?**
너의 취미는 뭐니?

18+15 **Wollen wir zusammen essen?**
우리 같이 식사할래?

18+16 **Wollen wir einen trinken gehen?**
우리 한 잔 할까?

18+17 **Kommst du mit mir?**
너 나랑 같이 갈래?

18+18 **Ich möchte heute nacht mit dir zusammen sein.**
나 오늘밤 너와 함께 있고 싶어.

18+19 **Du bist sehr nett.**
넌 정말 친절해.

18+20 **Du bist sehr schön.**
넌 정말 예뻐.

18+21 **Es war heute sehr schön.**
오늘 정말 좋았어.

18+22 **Ich werde dich nie vergessen.**
널 잊지 못할 거야.

18+23 **Kann ich deine E-Mail-Adresse haben?**
니 이메일주소 줄 수 있니?

18+24 **Kann ich deine Handynummer haben?**
니 핸드폰번호 줄 수 있니?

18+25 **Ich rufe dich morgen an.**
내일 너한테 전화할게.

18+26 **Alles Gute! (Viel Glück!)**
잘 지내!

The quickest way for slow learners!

Lektion 19
여러분의 독일어가 고상해집니다. 접속법!
Könnten Sie noch einmal sagen?
한 번 더 말씀해주실 수 있습니까?

19-01 **Wenn ich Geld hätte, kaufte ich ein Auto.**
만약에 내가 돈이 있다면, 차를 한 대 살 텐데.

19-02 **Wenn ich ein Auto hätte,**
würde ich dich nach Hause bringen.
만약에 내가 차가 있다면, 너를 집으로 데려다 줄 텐데.

19-03 **Wenn ich reich wäre, würde ich das tun.**
만약에 내가 부자라면 그것을 할 텐데.

19-04 **Wenn ich Zeit hätte, würde ich zur Party gehen.**
만약에 내가 시간이 있다면, 파티에 갈 텐데.

19-05 **Wenn ich an deiner Stelle wäre,**
würde ich ihm helfen.
만약에 내가 너의 입장이라면, 그를 도왔을 텐데.

19-06 **Was würdest du machen, wenn du jetzt Ferien hättest?**
만약에 네가 지금 방학이라면, 무엇을 할 거니?

19-07 **Hätte ich Zeit, würde ich zur Party gehen.**
내가 시간이 있다면, 파티에 갈 텐데.

19-08 **Hätte ich doch Zeit!**
내가 시간만 있다면!

19-09 **Hätte ich nur Geld!**
내가 단지 돈만 있다면!

19-10 **Wenn ich Geld gehabt hätte, wäre ich nach Deutschland geflogen.**
내가 돈이 있었다면, 독일로 갔을 텐데.

19-11 **Wenn ich es gewusst hätte, hätte ich es dir gesagt.**
만약에 내가 그것을 알았더라면, 너에게 말했을 텐데.

19-12 **Wenn der Bus pünktlich gekommen wäre, hätten wir den Zug nicht verpasst.**
버스가 성각에 왔다면,
우리는 그 기차를 놓치지 않았을 텐데.

19-13 **Es wäre schön, wenn es morgen aufklaren würde.**
내일 날씨가 좋아지면 좋겠습니다.

19-14 **Ich wäre gern Millionär.**
나는 백만장자이고 싶습니다.

19-15 **Ich wäre gern ein wenig größer.**
나는 조금만 더 크고 싶습니다.

19-16 **Ich hätte gerne eine Tasse Kaffee.**
나는 커피 한 잔을 원합니다.

19-17 **Ich hätte gerne etwas zu essen.**
나는 뭘 좀 먹고 싶습니다.

19-18 **Wie wäre es mit diesem Wochenende?**
이번 주말은 어떠세요?

19-19 **Könnten Sie mir helfen?**
저를 도와주실 수 있습니까?

19-20 **Könnten Sie das noch einmal sagen?**
그것을 한 번 더 말씀해주실 수 있습니까?

19-21 **Könnten Sie mir die E-Mail erneut senden?**
이메일을 저에게 다시 보내주실 수 있습니까?

19-22 **Könnten Sie mir den Weg zum Bahnhof erklären?**
저에게 기차역으로 가는 길을 설명해주실 수 있습니까?

19-23 **Entschuldigen Sie, aber könnten Sie mir ein Glas Wasser geben?**
죄송한데요, 저에게 물 한 잔 주실 수 있습니까?

19-24 **Würden Sie mir helfen?**
저를 도와주시겠습니까?

19-25 **Würden Sie bitte langsamer sprechen?**
좀 더 천천히 말씀해주시겠습니까?

19-26 **Würden Sie bitte ein Foto für uns machen?**
저희 사진 한 장만 찍어주시겠습니까?

19-27 **Würden Sie bitte das Fenster öffnen?**
창문 좀 열어주시겠습니까?

19-28 **Würden Sie bitte dieses Gepäck aufbewahren?**
이 짐 좀 맡아주시겠습니까?

19-29 **Ich möchte ins Kino gehen.**
영화관에 가고 싶습니다.

19-30 **Ich möchte dich zum Abendessen einladen.**
나 너를 저녁식사에 초대하고 싶어.

19-31 **Ich möchte Ihnen Frau Müller vorstellen.**
저는 여러분께 뮬러 부인을 소개하고 싶습니다.

19-32 **Möchten Sie noch ein Glas Wein?**
와인 한 잔 더 원하십니까?

19-33 **Möchten Sie tanzen?**
춤추고 싶으세요?

19-34 **Möchten Sie mit mir essen?**
저와 식사 하시겠습니까?

19-35 **Was möchten Sie?**
당신은 무엇을 원하십니까?

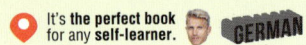
19-36 **Was möchten Sie kaufen?**
당신은 무엇을 사고 싶으십니까?

19-37 **Was möchten Sie von mir?**
저에게서 무엇을 원하십니까?

The quickest way for slow learners!

Lektion 19. Multi+Plus
핵심문형 4가지로 여행회화 절딴내기!

19+01 **Ich möchte ein Einzelzimmer.**
1인실을 원합니다.

19+02 **Ich möchte eine Quittung.**
영수증을 원합니다.

19+03 **Ich möchte ein Schmerzmittel.**
진통제를 원합니다.

19+04 **Ich möchte gern reservieren.**
예약하고 싶습니다.

19+05 **Ich möchte bitte bezahlen.**
계산하고 싶습니다.

19+06 **Haben Sie noch einen Platz?**
자리 하나 더 있습니까?

19+07 **Haben Sie ein freies Zimmer?**
빈방이 있습니까?

19+08 **Haben Sie einen Stadtplan?**
시내지도가 있습니까?

19+09 **Haben Sie etwas Billigeres?**
좀 더 싼 것이 있습니까?

19+10 **Haben Sie Zeit?**
시간 있으세요?

19+11 **Darf ich eintreten?**
들어가도 될까요?

19+12 **Darf ich fotografieren?**
사진을 찍어도 될까요?

19+13 **Darf ich mich hier setzen?**
여기에 앉아도 될까요?

19+14 **Darf ich hier parken?**
여기에 주차해도 될까요?

19+15 **Darf ich mitgehen?**
같이 가도 될까요?

19+16 **Könnten Sie mir helfen?**
저를 도와주시겠습니까?

19+17 **Könnten Sie das noch einmal sagen?**
그것을 한 번 더 말씀해주시겠습니까?

19+18 **Könnten Sie mir das zeigen?**
저에게 저것을 보여주시겠습니까?

19+19 **Könnten Sie mir etwas empfehlen?**
저에게 뭐 좀 추천해주시겠습니까?

19+20 **Könnten Sie mir das erneut senden?**
저에게 그것을 다시 보내주시겠습니까?

Lektion 20
독일어 어순 완전 총정리
Wollen wir Fußball spielen?
우리 축구 할까요?

20-01 **Ich spiele Fußball.**
나는 축구를 합니다.

20-02 **Morgen spiele ich Fußball.**
나는 내일 축구를 합니다.

20-03 **Am Sonntag um 9 Uhr morgens spiele ich Fußball.**
일요일 아침 9시에 나는 축구를 합니다.

20-04 **Denn ich mag Fußball.**
왜냐하면 나는 축구를 좋아하기 때문입니다.

20-05 **Spielen Sie gerne Fußball?**
당신은 축구를 즐겨 하십니까?

20-06 **Warum spielst du Fußball?**
너는 왜 축구를 하니?

20-07 **Spiel jeden Tag Fußball!**
(넌) 매일 축구를 해!

20-08 **Spielen wir Fußball!**
우리 축구 합시다!

20-09 **Ich gehe raus zum Fußball.**
Kommst du mit?
나 축구하러 나갈 거야. 너 같이 갈래?

20-10 **Ja. Ich komme gerne mit.**
응. 기꺼이 함께 갈게.

20-11 **Wir müssen öfter Fußball spielen.**
우리는 축구를 자주 해야 합니다.

20-12 **Wir haben jeden Samstag Fußball gespielt.**
우리는 매주 토요일 축구를 했습니다.

20-13 **Wann wollen wir Fußball spielen?**
우리 언제 축구 할까요?

20-14 **Wollen wir jetzt Fußball spielen?**
우리 지금 축구 할까요?

20-15 **Ich spiele jeden Tag Fußball,**
weil es mich gesund macht.
나를 건강하게 만들어주기 때문에
나는 매일 축구를 합니다.

20-16 **Obwohl es regnet,**
muss ich Fußball spielen.
비가 올지라도 나는 축구를 해야 합니다.

20-17 **Er ist der Fußballspieler, den ich kenne.**
그가 내가 아는 축구선수입니다.

20-18 **Ich spiele manchmal mit dem Ball**
auf dem Sportplatz.
나는 자주 공을 가지고 운동장에서 놉니다.

20-19 **Ich spiele nicht.**
나는 경기를 하지 않습니다.

20-20 **Ich kann nicht spielen.**
나는 경기를 할 수 없습니다.

20-21 **Ich spiele Fußball nicht gern.**
나는 축구를 즐겨 하지 않습니다.

20-22 **Ich spiele Fußball mit ihm heute nicht.**
나는 그와 오늘 축구를 하지 않습니다.

20-23 **Heute spiele ich Fußball nicht mit ihm.**
오늘 나는 그와 축구를 하지 않습니다.

20-24 **Wie gesagt,**
unsere Mannschaft wird gewinnen.
내가 말한 것처럼, 우리 팀이 이길 거야.

20-25 **Weißt du,**
unsere Mannschaft gewinnt gerade.
야 있잖아, 우리 팀이 방금 이겼어.

20-26 **Wie du weißt,**
diese Mannschaft hat gute Spieler.
너도 알다시피, 이 팀은 좋은 선수들을 가지고 있어.

20-27 **Ehrlich gesagt, mir gefällt**
der Mannschaftskapitän nicht.
솔직히 말해서, 그 팀 주장 내 마음에 안 들어.

20-28 **Unter uns gesagt,**
du hast kein Talent für Fußball.
우리끼리 얘긴데, 넌 축구에 재능이 없어.

The quickest way for slow learners!

Lektion 20. Multi+Plus
여행자를 위한 독일 입국심사 필수 핵심 표현!

20+01 **Ihren Pass, bitte.**
여권, 부탁합니다.

20+02 **Hier bitte.**
여기 있습니다.

20+03 **Was ist der Grund Ihres Besuches?**
방문 목적이 무엇입니까?

20+04 **Geschäftsreise.**
비즈니스여행입니다.

20+05 **Tourismus.**
관광여행입니다.

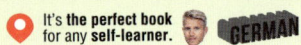

20+06 **Wie lange werden Sie bleiben?**
얼마간 체류하실 계획입니까?

20+07 **3 Wochen.**
3주요.

20+08 **Wo werden Sie unterkommen?**
어디에서 지내십니까?

20+09 **Im Hilton Hotel.**
힐튼 호텔이요.

20+10 **Bei meinem Freund.**
친구집에서요.

20+11 **Danke. Tschüss.**
고맙습니다. 안녕~!

20+12 **Haben Sie etwas zu verzollen?**
세관 신고하실 것이 있습니까?

20+13 **Nein, ich habe nichts zu verzollen.**
아니요, 신고할 것이 없습니다.

20+14 **Bitte, öffnen Sie Ihren Koffer. Was ist das?**
가방을 좀 열어주시겠습니까? 이것은 뭐죠?

20+15 **Ein Geschenk für meinen Freund.**
제 친구 선물입니다.

20+16 **Meine persönlichen Gegenstände.**
제 개인용품입니다.